열 가지 향기의 시

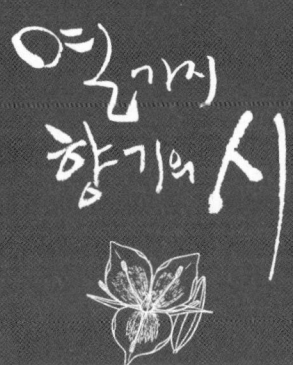

열기네 향기의 시

等等詩社 詩選集 Ⅲ

인북스

펴내는 말

세 번째 사화집을 내놓는다.

'색깔'이니 '소리'니 할 때는 이렇지 않았는데
온몸이 화끈거린다.

열 사람 등등시사等等詩社가 뿜어내는 이 내음새를
어찌 '향기'라 이를 수 있단 말인가.

물샐틈없이 코와 입을 틀어막아야 하는
이 세월이 차라리 고맙다.

세상에나,
병란病亂의 덕을 다 보다니!

2021년 가을

등등시사 친구들
공광규 김영탁 김추인 동시영 박채린
윤범모 윤 효 이 경 임연태 홍사성

차 례

공광규
    아름다운 책 · 15
    걸림돌 · 16
    운장암 · 17
    햇살의 말씀 · 18
    제부도에서 · 20
    우현 환상곡 · 21
    압록 저녁 · 22
    형상기억합금 · 23
    낙타의 일생 · 24
    몸관악기 · 26
    그만 내려놓으시오 · 27
    욕심 · 28
    적당한 거리 · 29
    뿌리의 힘 · 30
    겨울에 한 해가 바뀌는 이유 · 31

김영탁
    반대 · 35
    가을, 한다 · 36
    참 잘했어요 · 38
    냅다 · 39
    신세계 · 40
    왼손을 위한 협주곡 · 42
    굴참나무 · 44

밤의 고드름 · 45
목도리 봉별기逢別記 · 46
불리할 게 없는 · 48
떨림 · 50
늙은 이발사 · 52
8안중근9 · 54
완두콩 · 57
이승훈 멸치 · 58

김추인

뻐꾸기 새끼를 꺼내다 · 63
지독한 연애 · 64
나의 사내여, 시여 · 66
오래된 밑그림 1 · 67
프렌치키스의 암호 · 68
바위 · 70
배 · 72
이소離巢 · 73
토우들의 춤 · 74
초대 손님들 · 76
청령포에서 든다 · 78
서호西湖 가는 길 · 80
형태 공명 이론에 대한 보고서 · 82
저기가 기우뚱하다 · 84
신의 화필 · 86

동시영
    노동에 빠져야 삶을 건지는 사람들 · 89
    독백과 방백 사이 · 90
    말의 하늘에 오로라가 뜬다 · 92
    다가의 노래 · 93
    감자를 깎다가 우주를 깎다 · 96
    산노루 · 97
    오늘 흘린 시간 · 98
    한마디 말처럼 · 100
    집 나갈 집도 없다 · 102
    일상의 아리아 · 103
    태초를 낳는 아낙 · 104
    습관이 발자국이다 · 105
    비밀의 향기 · 106
    지금만큼 못 넘을 산 · 107
    쌀쌀한 날씨로 쌀을 씻는다 · 108

박해림
    자국 · 113
    K 시인 · 114
    한 푼 구두 · 116
    절규 · 118
    슬픔의 버릇 · 119
    벌새 · 120
    안부 · 122

그늘 · 123
　　　발꿈치의 말 · 124
　　　미완의 변명 · 126
　　　라일락 할매 · 128
　　　이즈음 알게 된 것들 · 130
　　　적막 · 132
　　　초판본 부근 · 133
　　　진법 · 134

윤범모
　　　유자농원에서 · 139
　　　백척간두 · 140
　　　교통신호등 · 141
　　　동거인 · 142
　　　집사람 · 143
　　　바람 미술관 · 144
　　　高手 – 물레 버리기 · 145
　　　고수 – 佛母 · 146
　　　좋은 날 · 147
　　　몸 가벼이 흘러가는 저 강물을 보아라 · 148
　　　지붕 위의 소 · 150
　　　한우의 메시지 · 152
　　　코로나바이러스에게 · 156
　　　파도야, 미안하다 · 159
　　　눈물 오아시스 · 160

윤효
>   박용래朴龍來 1 · 165
>   박용래朴龍來 2 · 166
>   박용래朴龍來 3 · 167
>   김종삼金宗三 1 · 168
>   김종삼金宗三 2 · 169
>   김종삼金宗三 3 · 170
>   일초 평전―超評傳 · 171
>   소설가 이상문 · 172
>   참말 · 173
>   김학표 선생님 · 174
>   남강 이승훈南岡李昇薰 · 175
>   함석헌 1 · 176
>   함석헌 2 · 177
>   함석헌 3 · 178
>   함석헌 4 · 179

이경
>   흑백 · 183
>   직소直訴 · 184
>   야매野梅 · 185
>   절벽의 키스 · 186
>   샹그릴라 · 187
>   야생 · 188
>   번식기 · 190

프르제발스키를 복제한 이유 · 192
글 읽는 소리 · 194
가이아 · 195
요리사 · 196
그림 속 그림자 읽기 · 197
사과를 줍는 여자 · 198
크고 무거운 책 · 200
뻘 · 201

임연태

사바세계 1 · 205
사바세계 2 · 206
사바세계 3 · 208
사바세계 4 · 210
사바세계 5 · 211
사바세계 6 · 212
사바세계 7 · 213
사바세계 8 · 214
사바세계 9 · 215
사바세계 10 · 216
사바세계 11 · 217
사바세계 12 · 218
사바세계 13 · 219
사바세계 14 · 220
사바세계 15 · 222

홍사성
- 한 핏줄 · 225
- 허수아비 · 226
- 용서 · 227
- 감옥에서 하룻밤 · 228
- 신두腎頭 · 229
- 역할극 · 230
- 팔상전 바람벽에 기대어 · 231
- 풍경風磬 · 232
- 범종梵鐘 · 233
- 만다라 축제 · 234
- 마등령을 넘으며 · 235
- 나는 뻔뻔하게 살기로 했다 · 236
- 철물점 풍경 · 237
- 세상살이 · 238
- 나무아미타불 · 239

공광규

공광규 시인은 1960년 서울에서 태어나 충남 청양에서 성장했다. 1986년 《동서문학》으로 등단하여 『소주병』『담장을 허물다』『파주에게』 등 일곱 권의 시집을 냈다. 부조리한 현실에 맞서는 시를 써왔으나 최근에는 상처와 아픔을 불교적 사유와 생명의식으로 내면화하면서 '넓고도 깊이 있는 시'를 써가고 있다.

kkkong60@hanmail.net

아름다운 책

어느 해 나는 아름다운 책 한 권을 읽었다
도서관이 아니라 거리에서
책상이 아니라 식당에서 등산로에서
영화관에서 노래방에서 찻집에서

잡지 같은 사람을
소설 같은 사람을
시집 같은 사람을
한 장 한 장 맛있게 넘겼다

아름다운 표지와 내용을 가진 책이었다
체온이 묻어나는 책장을
눈으로 읽고
혀로 넘기고
두 발로 밑줄을 그었다

책은 서점이나 도서관에만 있는 게 아닐 것이다
최고의 독서는 경전이나 명작이 아닐 것이다

사람
참 아름다운 책 한 권

걸림돌

잘 아는 스님께 행자 하나를 들이라 했더니
지옥 하나를 더 두는 거라며 마다하신다
석가도 자신의 자식이 수행에 장애가 된다며
아들 이름을 아예 '장애'라고 짓지 않았던가

우리 어머니는 또 어떻게 말씀하셨나
인생이 안 풀려 술 취한 아버지와 싸울 때마다
"자식이 원수여! 원수여!"
소리치지 않으셨던가

밖에 애인을 두고 바람을 피우는 것도
중소기업 하나 경영하는 것만큼이나 어렵다고 한다
누구를 들이고 둔다는 것이 그럴 것 같다

오늘 저녁에 덜되 먹은 후배 놈 하나가
처자식이 걸림돌이라고 푸념하며 돌아갔다
나는 "못난 놈! 못난 놈!" 훈계하며 술을 사주었다

걸림돌은 세상에 걸쳐 사는 좋은 핑곗거리일 것이다
걸림돌이 없다면 인생의 안주도 추억도 빈약하고
나도 이미 저 아래로 떠내려가고 말았을 것이다

운장암

풀 비린내 푸릇푸릇한
젊은 스님
법당 문 열어놓고 어디 가셨나

불러도
불러도
기척이 없다

매애
매애
풀언덕에서 염소가

자기가 잡아먹었다며
똥구멍으로 염주알을 내놓고 있다

햇살의 말씀

세상에 사람과 집이 하도 많아서
하느님께서 모두 들르시기가 어려운지라
특별히 추운 겨울에는 거실 깊숙이
햇살을 넣어주시는데

베란다 화초를 반짝반짝 만지시고
난초 잎에 앉아 휘청 몸무게를 재어보시고
기어가는 쌀벌레 옆구리를 간지럼 태워
데굴데굴 구르게 하시고

의자에 걸터앉아 책상도 환하게 만지시고
컴퓨터와 펼친 책을 자상하게 훑어보시고는
백지에 연필을 쥐고 사각사각 무슨 말씀을
써보려고 하시는지라

나는 그것이 궁금하여 귀를 세우고
거실 바닥에 누웠는데
햇살도 함께 누워서 볼과 코와
이마를 가만히 만져주시는지라

아! 따뜻한 햇살의 체온 때문에
나는 거실에 누운 까닭을 잊고 한참이나 있었는데

지나고 보니 햇살이 쓰시려고 했던
말씀이 생각나는지라

"광규야, 따뜻한 사람이 되어라"

제부도에서

모래톱에서 바다를 온종일 톱질하는
바닷가 목수의 아이가 되고 싶다

갈매기처럼 도요새처럼 까불까불 놀면서
톱밥을 헤쳐 먹이를 줍고 싶다

아침 바다에서 건진 해를 가지고
온종일 공놀이하다 지친 저녁이면

노을로 짠 빨간색 이불을 덮고
말똥말똥 이웃집 여자아이를 생각하고 싶다

우현 환상곡

빗줄기는 하늘에서 땅으로 이어진 현絃이어서
나뭇잎은 수만 개 건반이어서
바람은 손이 안 보이는 연주가여서
간판을 단 건물도 고양이도 웅크려 귀를 세웠는데
가끔 천공을 헤매며 흙 입술로 부는 휘파람 소리

화초들은 몸이 젖어서 아무 데나 쓰러지고
수목들은 물웅덩이에 발을 담그고
비바람을 종교처럼 모시며 휘어지는데
오늘은 나도 종교 같은 분에게 젖어 있는데
이 몸에 우주가 헌정하는 우현雨絃 환상곡

압록 저녁

강바닥에서 솟은 바위들이 오리처럼 떠서
황홀한 물별을 주워 먹는 저녁입니다

이렇게 아름다운 저녁 강도 저와 닮아
속마음과 겉 표정이 따로 노나 봅니다

강심은 대밭이 휜 쪽으로 흐르는 것이 분명한데
수면은 갈대가 휜 쪽으로 주름을 잡고 있습니다

대밭을 파랗게 적신 강물이 저녁 물별을 퍼 올려
감나무에 빨간 감을 전등처럼 매다는 압록

보성강이 섬진강 옆구리에 몸을 합치듯
그대와 몸을 합치러 가출해야겠습니다

형상기억합금

겨우내 참새들이 와서 놀던 쥐똥나무 울타리
가는 나뭇가지에 새잎이 참새 발가락만큼 돋았다

참새는 가는 발가락으로 나뭇가지를 붙잡을 것이고
발가락이 붙잡고 있던 가는 나뭇가지에는
체온이 가는 참새 발가락만큼 묻어 있었을 것이다

나뭇가지들은 참새 발가락 체온을 기억했다가
쥐똥나무 어린잎을 체온만큼 내밀어주고 있는 것이다

낙타의 일생

관광객을 등에 태운 낙타가
땀을 뻘뻘 흘리며 초원과 사막을 오고 간다
코에 꿴 줄을 잡은 작은 원주민이
앞으로 끌면 앞으로 가고 뒤로 끌면 뒤로 간다

줄을 사정없이 반복하며 빠르게 당기면
낙타는 코가 찢어질 듯 아픈지
얼굴을 찡그리며 얼은 땅에 무릎을 꿇어
사람을 내리고 태운다

사람보다 덩치가 큰
성질이 사납고 냄새가 고약한 짐승이지만
오랫동안 길들여진 낙타는
사람에게 어떻게 해볼 도리가 없는 것이다

가끔 굵고 긴 목으로 가죽통을 두드리듯
울음인지 노래인지 반항인지
소리를 지르다가도 다시 사람의 손에 끌려
앉고 서고 걷고 달린다

우리도 어쩌면
보이지 않는 손에 코가 꿰어

평생 땀을 뻘뻘 흘리며 끌려다니다 버려지는
슬픈 낙타일지도 모른다

몸관악기

"당신, 창의력이 너무 늙었어!"
사장의 반말을 뒤로하고
뒷굽이 닳은 구두가 퇴근한다

살 부러진 우산에서 쏟아지는 빗물이
굴욕의 나이를 참아야 한다고
처진 어깨를 적시며 다독거린다

낡은 넥타이를 끌어당기는 비바람이
술집에서 술집으로
걸레처럼 끌고 다니는 밤

빗물이 들이치는 포장마차 안에서
술에 젖은 몸이
악보도 없이 연주자도 없이 운다

그만 내려놓으시오

인생 상담을 하느라
스님과 마주 앉았는데

보이차를 따라놓고는
잔을 들고 있어 보라고 한다

작은 찻잔도
오래 들고 있으니 무겁다

"그만 내려놓으시오."
스님의 말씀

찻잔을 내려놓자
금세 팔이 시원해졌다

욕심

뒤껼 대추나무가
약한 바람에 허리가 뚝 꺾였다

사람들이 지나며 아깝다고 혀를 찼다

가지에 벌레 먹은 자국이 있었나
과거에 남모를 깊은 상처가 있었나
아니면 바람이 너무 드셌나

그러나 나무 허리에선
아무것도 찾아내지 못했다

다만 나무는
너무 많은 열매를 매달고 있었다

적당한 거리

선운사 도솔암 내원궁 수목정원 한쪽
바위에 기댄 소나무 허리에 흉터가 깊다
일생을 기대보려다 얻은 상처인 것이다

일곱 가지 보물로 지은 법당이 있고
한량없는 하늘 사람들이 산다는 도솔천
지장보살도 어쩌지 못하는 관계가 있나 보다

내원궁 계단을 조심조심 내려오는데
진달래꽃과 생강나무꽃이 거리를 두고 환하다
당신과 나, 적당한 거리가 도솔천이다

뿌리의 힘

나를 자르지 말라
네 칼이 먼저 상하리라
나는 뿌리가 있어
내 몸을 계속 키울 수 있나니
시간이 우리의 승패를 결정하리라

나를 밟지 말라
네 구두가 먼저 닳아 없어지리라
나는 뿌리가 있어
같은 몸 계속 밀어 올릴 수 있나니
네 무릎이 먼저 꺾이리라

나는 뿌리의 힘으로
겨울나고 꽃 피우고
타는 가뭄에 견디며 대지를 붙들고 있나니
내 억센 뿌리의 손아귀에
네 뼈가 먼저 부러지리라

겨울에 한 해가 바뀌는 이유

우리가 겨울에 한 해를 보내고 한 해를 맞는 것은
일부러 하느님이 그렇게
계절을 가져다 놓은 것일 거야

사람들이 좀 추워하면서 반성하면서 긴장하면서
눈처럼 부드럽고 시련을 견디고 살얼음판도 좀 걸어보라고

무엇보다 따뜻하다는 것이 얼마나 소중한가를
다른 사람의 난로가 되어주는 사람인가를 시험하려는
하느님의 참으로 오래고 오랜 계획일 거야

추울 때 모든 것이 얼어붙었을 때
그 사람을 보려는 것이지

겨울에도 눈꽃을 피우는 나무의 의지를 보여주고
얼음장 밑에서 키가 크고 버티는 물고기와 수초도 보여주고
일만 하지 말고
잠깐 멈추어 삶의 도구를 수리하라는 것이겠지

성장만 하지 말고
이불 속에서 움츠려 꿈도 꿔보라는 명령이겠지
사람들이 함부로 헌 해를 보내고 새해를 맞을까 봐

김영탁

김영탁 시인은 1959년 경북 예천에서 태어나 1998년 계간시지 《시안》으로 등단했다. 시집 『새소리에 몸이 절로 먼 산 보고 인사하네』 『냉장고 여자』와 산문집 『시식남녀』가 있다.

tibet21@hanmail.net

반대
— 생활의 재발견

꽃이 피기 전
당신이 오른쪽으로 가면 난,
분명히 왼쪽으로 가겠어요

꽃이 필 때
당신이 붉은 태양이라고 하면 난,
밤을 달리는 기차라고 하겠어요

꽃이 지고 난 뒤
어쨌든 당신을 무조건 반대하겠지만
난, 당신을 사랑하겠어요

가을, 한다

가을은 가만히 있어도
가을 피리 하나 생기는구나
피리 소리 밤하늘에 별빛을 흘리고
한여름 밤의 꾸었던 꿈은
수다스러운 소금쟁이 소금가마 등에 지고
은하수에 풍덩 빠져 소금은
더 은근히 단단해져 별빛처럼 빛나네

금 간 지상의 땅, 피리 소리에
온 시름 다 주름으로 여며
더 아늑하고 거친 땅과 나무는
연인의 유두乳頭에서 으깨져 솟아나는 유자 열매 맛
과육의 부드러운 살결은 새콤달콤하여
입안이 울긋불긋한 나무와 나무는
단풍단풍 얼크러져 활활 불길로 달려가네

가을 피리에 취한 술이 다시, 깨어
왼손이 권하는 술잔을 오른손이 잡는데
궁창에 높이 떠 있는 희미한 달은
누구에게나 달떡을 입에 물리기도 하여
뭐라고 말도 못하게 하고
5촉짜리 등불 켄 달맞이꽃이 환하게

가을 피리를 찾고 있네

참 잘했어요

나선형 계단을 따라 회오리치는 바람은
얼굴을 붉히며 헉헉거리며
올라가다 문고리를 흔들고,
바람은 문 앞에서 말한다
빨리 문 열어 달라고, 아니면
정중하게 나와서 환영해 달라고,
문은 열리지 않고 인기척도 없는 게
외출 중이겠지, 고개를 끄덕이고
끄덕인 김에 문고리에게
다음에 오겠다고 인사하고는
느리게, 느리게 흐르는 계단을 따라
바람은 계단을 묶으면서
내려간다

냅다

하나 남은 잎을 버린 오동나무
금강역사로 우뚝 서서
청명한 하늘에 날아오르기 전 잎담배 한 대 장전하며 긴 연기를 내뿜는데요
어쩌자고 그 밑을 염소 한 마리 걸어와서 나무 허벅지에 대고 비비네요
오동나무는 자신의 팔 하나 꺾어서 냅다 염소 엉덩이 후려치니
염소는 화들짝 뒷발질하다 냅다 달리잖아요
염소는 골목을 빠져나와 대로에서 무단횡단으로 즐거운 입들이 기다리는 식당으로 냅다 들어가다가
그 입들보다 근수가 적다는 걸 알고
다시 냅다 길 나는 대로 달리다가 금강건강원 앞에 섰어요
거기서 냅다 가죽을 벗고 목욕재계하고 이웃인 한약재, 생강, 대추, 콩, 들깨, 가시오가피, 버섯, 구운 마늘, 헛개나무를 만났어요
중탕기 뚜껑을 꼭꼭 잠그고 며칠간 화염지옥에서 온몸이 녹아 서로 하나 되었어요

자, 이제 당신의 부실한 입을 위하여 냅다 달려갈 준비가 되었으니
냅다 불러주세요, 나를!

김영탁

신세계

꽃이 폭발한다고 하면 진부하네
그러나 꽃이 시한폭탄 가방을 들고
여행을 간다고 하자, 새로운 말이
달리며 한 세계가 소멸하고
신세계가 열리네

공사판 함바집 벽에
먼지는 현장의 비타민씨여, 씨발!이라고
못으로 긁어 쓴 글이 신세계를 여네

드문 예로 사람도 가끔 폭발한다고 하네
꼭, 열 받아서 그렇지는 않지만, 깔끔한
인체 자연발화 현상도 있다고 하네
그는 셀프로 폭발하여
신세계의 그녀를 만나러 갔다네

그렇게 신세계가 열리는 동안
지구로부터 38억 광년 떨어진 우주에서
태양 밝기 5천700억 배나 되는 폭발로
인간이 머리털 나고 가장 강력한 초신성이 관측되었다네
그 먼지와 부스러기들이
꽃과 못으로, 혹은 사랑까지도

그녀가 숨 쉬는 콧구멍에서 열리네

왼손을 위한 협주곡*

오른손이 바닥을 치자
음지쪽 고사리로 움츠려 있던 왼손이
새싹으로 돋아나 말풍선을 만드네

눈길에서 언제나 벗어나 있던
음지의 말이 튀어나와
귀를 간질이고 잡아당기네
왼손이 이끄는 대로 유랑하는 발길은
용문龍門을 지나 별빛 쏟아지는 사막으로 갈 거라네
용녀龍女의 젖가슴 위에서 흔들리는 신룡문객잔新龍門客棧
왼손으로 문을 열면
외팔이 악사의 마골호 켜는 소리에
오른손은 희미한 옛사랑의 통증을 느낄 거라네
악사와 독주를 마시고 이별하겠지
하얀 사막의 밤을 지나
별빛이 점점 여명으로 스러지고
사막의 물이 마른 걸 보니
용녀는 떠나갔을 거라네

드디어 나도밤나무 앞에 서서
죽은 가지를 오른손으로 삼고
살아서 뻗어 있는 가지를 왼손으로 삼아

그녀가 떠나간 쪽으로 돌다가, 다시
그녀가 올 거라는 기다림 쪽으로
돌아가면, 희미한 옛사랑의 오른손이
위로하는 술잔에 왼손은 독주를
철철 넘치게 올리고 나도 이제
나도밤나무 하나쯤 안아 보고
싶어질 거라네

* 오스트리아의 피아니스트 파울 비트겐슈타인을 위해 모리스 라벨이 작곡한 음악. 김승희 시집 『왼손을 위한 협주곡』에서 제목을 빌려 옴.

굴참나무

저녁 아궁이에
노을이 타고 있을 때

쪼개진 굴참나무 장작에서
바다 냄새가 한창이다

카바이드 불빛 아래
굴을 까던
연인의 손이
비리다

밤의 고드름

차갑게 열 받아
뿔난 짐승

허공에 못을 박고
바짝 달아오를 때까지

붓글씨를 쓰다가
온몸으로 절필하네

목도리 봉별기 逢別記

목도리는 외출 중의 애인이었다
언제나 습관처럼 서로 목을 포옹하며
우리는 갖은 폼을 잡으며
과장된 표정으로 포근한 겨울을 바라보던 날,
목도리를 살짝곰보 식당에서 잃어버리고 나니
혹독한 겨울이 돌아왔다

택시를 타면 길이 막히듯,
그 흔한 공짜 선착순도 내가 줄을 서면 마감하듯,
겨울은 길고 상실의 아픔은 짧았다

지구 온난화를 잠재울,
오랜만에 매서운 겨울 한파가 왔다
너무 추워서 개미의 이동도 없었다
다시 세상은 순리대로 잘 돌아간다고
걱정하지 마시라고 할 때,
나는 목이 시리고 허전하여
목도리를 살까 말까 망설이다가
차라리 곰처럼 겨울잠을 잘 것이다

어느 날, 행방이 묘연한 목도리가 살짝 돌아왔다
꽃샘바람이 떠나고 나무들의 연초록이 돌아올 즈음

살짝곰보 식당에서 일어난 일이다

불리할 게 없는

알제리계 프랑스인이 흐린 목로로 다가와
백 달러를 주면 두 장으로 만들어 준다고,
비밀이라고, 특수 기계가 있는데,
물에 넣어서 분리하면 열두 겹으로 나누어진다고,
앞뒤를 똑같이 복사하여
붙이면 이백 달러가 된다고,
믿으라고, 당신이 착해 보여서
특별히 알려주는 것이니,
마음에 있으면, 아침에 쿠알라룸푸르호텔로,
백 달러를 갖고 오라고,
불리할 게 없는,

알제리계 프랑스인이 가고 난 뒤,
무어 양식과 중국식이 혼합된 목로에,
차이나 드레스를 입은 그녀의 눈빛은,
표범처럼 검게 반짝거리고,
가무잡잡한 그녀 몸에서 고무나무 상처 냄새가 나고,
그녀도 백 달러만 주면 술은 서비스라고,
오늘 밤 은밀한 곳까지 새겨진 문신을 보여줄 수 있다고,
벨벳 모자를 쓴 늙은 중국인이 다가와
가짜 달걀을 모자에서 하나씩 꺼내다가 아예,
마대 자루에 모자를 거꾸로 세우자, 달걀이

폭포수처럼 쏟아지는데, 이 벨벳 모자를 백 달러에 사라고,
그러면 당신은 떼돈을 번다고, 단
오늘은 모자를 건드리면 안 된다고,
불리할 게 없는,

백 달러밖에 없는 걸 어떻게 알고,
내일 알제리게 프랑스인을 찾아가야 하나,
늙은 벨벳 모자를 바꿔치기해야 하나,
오늘 표범 같은 여자와 정글을 달리며,
그녀의 몸에 새겨진 문신을 읽어야 할까,
불리할 게 없는,

떨림

국민학교 때 금자金子가 국어 교과서를 읽으면 떨린다
그 목소리와 몸이 얼마나 떨리는지
김씨金氏 미곡상米穀商 도라꾸 조수가 시동 걸려고
엔진 구멍에 쇠파이프를 넣고
온몸을 시계 방향으로 잡아 돌리면
더벅머리 조수도 온몸이 사시나무 떨듯
사람이 먼저 시동이 걸리고, 이윽고
도라꾸는 우당탕거리며 시동이 걸리는데
그때 도라꾸 떠는 모습은 금자에게 훨씬 못 미쳤다
얼마나 떨리는지 책상과 의자가 떨고,
이어서 흑판과 주전자도 떨고,
전교생과 교감 교장까지 떨고,
드디어 국민학교도 떨고
나무와 새가 떨고
바람도 떤다

그 이후 떨림은 사라지고
너도나도 무대 위의 연기파, 떠는 건 없고
날카로운 첫 키스의 떨림도 까마득해져
어쩌다 떠는 건 떤다는 약속으로 떨고
미아리고개 방울도사 복채 받고 떨고
그 떨림은 어디로 사라졌나

번개처럼 지나간 떨림

늙은 이발사

비 오시는 날 옛날 이발관엘 가네
문을 열면 뽕짝이 흐르고
빛바랜 액자 뒤안 앵두나무 우물가
그림 속 여자는 떠나갔네

내 머리를 깎는 늙은 이발사
고수가 목을 따내듯 소리 소문도 없이
음악처럼 머리를 손질하네
정글을 달리던 갈기의 기억은 잘려나가
바닥에 흩어져 못다 한 수다를 떨고,
창을 두드리는 비, 하염없는 비의 혀는
비 맞은 중처럼 중얼거리는 머리카락을 잡고,
앵두나무 우물가 여자 얘기에 여념이 없네
이별 이후 기억이 자라나는 머리는
졸음 속으로 쏟아지다가
머리의 행방을 찾는 또 다른 머리여,
그 머리 어디 갔나 했는데,
머리 허연 이발사 내 머리를 빗질하네

비 오시는 날 옛날 이발관엘 가네
머리를 늙은 이발사에게 내주고
새 머리를 받으면, 난

앵두나무 여자와 이별하고,
양복을 입고 정글을 활개 치고 다니네

백 년간의 고독을 지나
나도 허연 백발이 되어
늙은 이발관엘 찾아가면,
비 맞은 중처럼 중얼거리는
머리 자루에 쓸어 담고 떠난 그 이발사,
어디 저편으로 갔다는 소식에
해진 양복을 입고, 난
앵두나무 여자를 그리워할 거라네

8안중근9

안중근은 1909년 2월 9일 러시아와 중국의 경계에 있던 얀치허 부근 하리 마을에서 태극기를 펼쳐 놓았다. 무겁고 예리한 칼로 왼손 무명지를 단번에 잘랐다. 흘러내리는 피로 태극기 앞면에 '대한독립'이라고 썼다. 대한민국만세를 세 번 불렀다.

상처의 통증은 사라지고 9개의 손가락이 온전했다.

1909년 10월 26일 오전 9시 30분 만주 하얼빈역, 안중근의 7.62mm 구경 FN 브라우닝 M-1900 총구에서 권총탄 7발이 불을 뿜었다. 3발은 이토 히로부미伊藤博文에게 적중했다. 다음 세 발로 가와가미川上 하얼빈 총영사, 모리森 궁내부대신 비서, 다나카田中 만철 이사 등 일본인 세 명을 추가로 명중시켰다.

(전원 부상, 사망자는 없다.)

그리고 한 발은 수행원 나카무라中村와 무로다室田의 바지를 관통했다.

살아남은 자는 오줌을 쌌다. 그래서 살았다.

이토는 피격된 세 발 중, 폐에 맞은 두 발이 치명상이 되어 15분 뒤 사망했다.

약실엔 1발이 무명지를 잘랐을 때처럼 화끈거리며 발사대기 중이었다.

총탄은 총 8발

안중근을 기소한 일본 미조부치溝淵孝雄 검찰관은 논고문에서 다음과 같이 썼다.

"피고는 권총을 다루는 데 노련한 자로, 빗나간 총알이 한 발도 없었다."

"피고는 공작公爵이라고 생각하여 선두에 네 발을 발사하고, 혹시 공작이 반대 방향에 있을지도 모른다고 생각하여 한 치의 실수도 있어서는 안 된다고 생각하여 방향을 바꾸어 세 발을 더 쏘았다."

"이 권총에 사용하는 탄환은 1발 5전 5리라고 하니, 세계의 대위인 이토 공의 목숨을 3발의 탄환, 즉 겨우 16전 5리로 빼앗아 간 것이 된다."(〈오사카마이니치신문〉, 1909. 10. 30)

"흉한兇漢은 명사수로 공公을 명중한 총탄의 간격이 약 6cm를 넘지 않았다."(〈모지신문〉, 1909. 11. 1)

안중근이 7발을 쏘고 권총을 땅에 팽개칠 때, 현장은 정지되었다. 황홀한 진공이었다. 멍하게 얼이 빠진 러시아군 눈동자엔 그저 하얀빛만 보였다. 그 누구도 그를 잡지 못했다. 총소리에 귀는 천둥에 놀란 듯, 멍하니 뒤로 나자빠져 그의 사격만 구경했을 뿐이었다.

안중근은 1910년 2월 14일 사형을 언도 받았다.

김영탁

그는 항소를 포기하고 3월 26일 오전 10시
그때처럼 8과 9 사이로 걸어갔다.
약실은 아직 뜨겁고 발사 대기 중이다.
왼손 무명지의 통증이 느껴진다.

완두콩

지하철 계단에서 완두콩을 까고 있는 늙은 여인
손이 부지런하다 아무리 봐도 콩을 사는 사람은 없고,
바삐 지나가는 사람들
이미 가망 없는 뻔한 업業이지만
여인의 주름진 손이 염주를 굴리듯
콩 껍질에 희미한 때처럼 비쳐 오가는 그림자를 어루만진다
콩은 시간이 갈수록 오도카니 쌓여 가는데, 어찌어찌
껍질 안에서 빠져나온 콩 하나가
지하철 계단을 콩콩콩 내려간다
땅속으로 들어간 콩의 유전流轉이야 뻔하겠지만
그때부터 여인의 손에서 완두콩 넝쿨이 쑥쑥 뻗어 나와
하늘로 푸르게 푸르게 올라간다

이승훈 멸치

오세영 시인의 서울대 정년 퇴임 때 세종문화회관에서 이승훈 시인을 만났다. 많이 아팠던 그의 뒷모습은 이제 초등학생처럼 가볍고 너무 수척해서 홀가분하다. 어쩌면 그가 평소에 맥주 안주로 즐겼던 멸치 같다.

난 맥주를 즐기지 않지만, 지금 내 앞에 앉아 있는 예쁜 그녀가 맥주를 마시니까 나도 맥주를 마신다. 그녀는 맥주를 발칵발칵 마시다 안주로 멸치를 고추장에 찍어서 잘도 먹다가 이승훈의, 영도의 시쓰기가 무엇이냐고 묻는다. 난, 정말이지 그 말을 듣고 조금 놀란 듯 제스처를 취하며 그 글을 읽었느냐고 물었다. 그녀는 읽었지만 잘 모른다고 했다. 그녀는 소위 문단이라는 것과 시단이라는 것과 전혀 관계없는 사람인 줄 알고 편하게 만났는데, 이게 무슨 소리인가!

말 많고 시끄러운 시단에서 적어도 연애는 하지 말자고 결심하고, 품격 있고 우아하게 시를 모르는 사람들과 교제를 하고 싶었는데, 왜 그녀는 시에 대하여 관심이 있을까(이 지겨운 것들). 그러니까 영도라는 것은 영이지요. 영, 제로점, 경계, 근데 그게 전부가 아니죠. 뭐랄까, 영도의 시쓰기란 절벽 같아요. 절벽에서 날아가면 독수리가 되어 하늘을 날지만, 이미 날개를 달아 버린 한계를 가지고 있고, 또 절벽에서 뒤돌아가 일차 공간으로 달려가면 호랑이가 되죠. 그건 시끄럽죠. 그래서 영도의 시쓰기란 백척간두에서 있는 형국이죠. 시는 쓰지 않아도 시이고 써도 시고 써도 써도 쓰지 않아도* 되는 게 영도의 시쓰기죠. 그렇게 얘기를 해도 그녀는 납득이 안 가는지 맹한 눈빛으로 나를 바라본다.

나는 뭔가 그럴싸하게 얘기를 한 듯한데, 그녀의 표정에 머쓱해서 우리 건배합시다 하며 잔을 부딪치며 맥주를 마시고, 멸치를 고추장에 찍어서 그녀의 입술에 대고 자아, 이승훈 멸치입니다. 드시겠어요?

---

* 2008년 《시안》 봄호에 발표한 이승훈의 시 「무대에서 일생을 보낸다」 중에서 빌려 옴.

김추인

김추인 시인은 1947년 경남 함양에서 태어나 1986년 《현대시학》으로 등단하여 『프렌치키스의 암호』 『행성의 아이들』 『오브제를 사랑한』 등 출간. 자택인 회색 아파트를 오아시스처럼 푸르게 가꾸며 신기루의 사막이나 우주, 미래사회를 탐미적 언어로 쓰며 이번 3집만은 인간적 삶의 향기를 천착함.

cikim39@hanmail.net

뻐꾸기 새끼를 꺼내다

풀어놓은 지 오래다
한 번도 정착한 적 없는 나는 구름의 족속
산을 넘어 넘어서
생의 생을 넘어서
별을 밟고선 너에게로 간다

나는 역마의 족속이라
나를 떠나고 집을 떠나고
내 안의 뜨거운 너를 찾아
구름 속을 뒤적이는 외눈박이

한 생의 떫은 노래 외에는
아무것도 아닐 네가
캄캄한 봄을 지고 소금바다를 건너고 있다

뻐꾹, 뻑 뻐꾹
영 너머서 누가 부르느냐
문짝이 들썩인다

배를 갈라 나를 꺼내거라

지독한 연애

새장 속에 그가 있다 노획물이다

구천을 날고 있는 봉황인 줄 알았다
부리 끝도 나래 끝도 곁 주지 않던 놈
뒤꿈치 들고 치올려 봐도
턱이 닿지 않던 높은 담장 너머
깃 치는 소리 풍문만 같았는데

웬일로 조롱 속에 그가 있다
물통 속을 흐르는 구름 한 장
바람 두어 잎 걸린 새장에 위리안치된
상형의 문장
그의 알몸이 쭈그리고 앉아 있다

거시기도 덜렁 내놓고
난장의 세상을 내다보는지
바람의 방언을 뱉고 있는지
혼자 울 때처럼 편안해져
문 열렸는데도
나올 생각 않고 쭈그려 앉아 있다

조롱 밖에는 내가 있고

밥도 없는 밥도 모르는 밥만 축내는 우리는
참 닮았다 싶은데

지난한 전투야 계속되겠지만
이제 그는 내 밥이다
그를 푹푹 떠먹을 수 있을까 만만찮은 놈,
날아올라라 훨 훨
구름의 문장이여 내 다시 포박해 오도록

나의 사내여, 시여

매양 그렇다
어떻게 붙들어 둘 수가 있던가
나쁜 놈!
쓸쓸한 방백이 전갈의 독보다 푸르다

모래시계처럼 뒤집어 볼까
그러나 어쩌랴 내 그에게 눈멀었으니
그에 대한 복종은 나를 감시하는 일
유유자적을 허락지 않는다!

절체절명의 뜨거운 키스는 꿈일 뿐
옆구리 고독 한 권 끼고
기척 없이 그가 들어설 것이다
사지가 마디마디 점등되는 찰나
울혈의 꽃 한 송이 비명 같을 것이다

시가 나를 찾아올 때!

오래된 밑그림 1
— 흑백 풍경

상자 속에서 그가 나왔다

젊은 아버지에게서 눈을 뗄 수가 없다
가만히 그를 당겨
입술을 포갰다
더운 숨결 대신 애잔한 눈시울
그래그래 내 다 안다
애야 이리 온
나보다 젊은 아버지가
내 흰 머리칼을 뽑아준다
양 입가 주름골을 쓸어주시며
네가 많이 힘들구나 —
사각모를 쓴 아버지
자꾸 등을 쓸어준다

프렌치키스의 암호

우편함을 열어야 하는데요
뻐꾸기를 꺼내야 하는데요
길은 멀고 떨리거든요
그 여자 몇 개의 사구를 넘어
사막의 겨울을 건너가는 중인가 본데요

무릎 꺾일까 열 발톱을 세워 모래의 나라를 움켜
밟고 가는데요

당신들, 사막이 아름다운 까닭을 아실까 몰라
신기루 속을 내달려오는 아라비아의 로렌스 내,
외사랑의 시
그의 홀로그램을 보는데요

모래폭풍 아니라도 눈이 먼 여자
그의 사랑 눈물 입술
입속의 검은 잎*조차 훔쳐내고 싶은

관절을 꺾어서라도
비의祕意의 자모음 끌어내고 싶은

아무도 닿지 못한 프렌치키스를 위해

뻐꾸기를 꺼내러 가요
그의 우편함은 살구나무에 걸렸다는데
모래의 땅 그 너머에 있다는데

* 기형도 시인의 작품집 표제.

바위

돌의 침묵을 오래 바라보면
꼭 다문 입속에서
자모음 몇 개라도
짓다 만 미소 조각이라도 끌어내고 싶다

돌의 무심을 더 오래 바라보면
내 입의 긴 고백들이
얼마나 부질없는 매달림인지 알겠는데

낳자마자 늙어버린 아들아
이미 스승인 아들아
내 조급함을 눈감아다오
입 열지 않고도
말인 줄을 알고 웃음인 줄을 아는,
홀로도 완성되는 아들아

천둥소리로 내려앉았을
목련의 고요도
제 유적지의 문장임을 알겠는데
꾸욱 다문
너의 입을 좌악 벌려보고 싶다
실금만 터져도 미어져 나올

모래의 언어들
그대의 일만 겁을 친견하고 싶다

배

그 동그라미 속은
감로의 우물이 홀로 출렁이겠다
동그랗게 알을 부풀리는 것으로
제 사랑이 익는 것인 줄을 어찌 알아서
가을날 무거운 몸
봉지를 쓰고 기다리는 것이냐
둥근 우주를 붙들고 있는
나무의 손목

나도 막달, 배가 불러서는
가만히 마루 끝에 앉아 가을볕만 쐬고 있었지
작은 주먹이
툭 탁 탁
비밀한 벽을 쳐보는 그때

봄밤 아이 하나 꽃궁으로 들어간 후
동그라미는 자꾸 배가 불러 황홀한데
상념의 이파리들
울, 울, 울 구름 쪽으로 솟구쳐 오르는데

이소離巢

문은 늘 샛강처럼 손짓했지
날마다 이소하라 하라
뒤로뒤로 새끼 치며 내빼며 나를 유인했지

어미 청호반새가 먹이를 물고
줄 듯 줄 듯 뒤로 물러서는 동안
새끼는 조금씩 더 멀리
날갯짓을 하지
어미를 향해서 문을 향해서
더 멀리 발을 떼고 어린 날개를 펄럭여 보는 동안
이소가 준비되는 거거든

노상 문은 시간 저쪽에 있다는 거
거리의 개념으로
좀씩 좀씩 물러앉는다는 거
넌 알고 있었니?
이제사 눈치채다니 나 바보 맞지

토우들의 춤

토우들 사방 갈라지는 도로를 질주한다
발 푹푹 빠지며
모래의 벽을 달리고 있다
십삼 인의 아해도 모를 도로를 질주하고 있다

말뚝 하나씩 쥐고
말뚝박기를 하며
무너지기도 하며 허리가 부러지기도 하며
도로를 질주한다
간도 쓸개도 빼놓고 달리고 있다

경주에 가면
코가 없는 머리가 없는 몸이 없는
돌부처들 계시다
있으나 없으나 무에 다르냐며
도열하여 사적지를 지키고 계시다

머리가 없으신 저 부처님 참 고요하시겠다

시끄러운 머리를 인 채
토우들 또 질주한다
무서운 아해와 무서워하는 아해도 모를

이상한 겨울을 보내고 더 이상한 봄을 맞으며 막힌 골목을 달린다
 그뿐이다 다른 사정은 없는 것이 차라리 낫다
					―오감도를 떠올리며―

초대 손님들

사방이 귀신이다
눈 빤히 뜨고 내려다본다
날 조종하고 있다

왼 옆에 샹드 귀신
오른 옆에 카프카 귀신
귀를 싸맨 고흐, 피카소 푸른 초상까지
전혜린, 다이애나, 만해, 지용까지
하나같이 불꽃의 눈매가 시린
내가 불러낸 귀신들의 시퍼런 침묵에 내 목이 조인다
돌아보지 않아도 뒤쪽, 둘레둘레 늘어선 귀신들
오쉬비엥침* 철조망 사이

유대의 삭발한 어미 귀신들 마른 젖을 들고 섰고
지느러미 너덜너덜해진 산란 수역의 연어 귀신들
살았을 적 하던 대로
남대천 사진 속에서 자갈 둥지나 쌓는가 본데

아름다워라 저
머리칼 휘날리며 '황금의 비' 속을 달려오는
죽은 이십 대의 삼십 대의 천경자 좀 봐봐
살아서도 귀신이었던 그들이

아직 귀신이 못된 나를 쿡쿡 찌르고 있다

모래의 바람 속을 비칠비칠 걷고 있는
저 귀신은 언제 죽었을까
조막만 한 저 여자, 낯이 익다

*아우슈비츠의 현지 지명. 폴란드인들은 독일이 물러가자 곧 자신들의 원래 지명인 오쉬비엥침으로 쓰고 있다.

청령포*에서 듣다

봄날 간다 가느냐 갔느냐
가까이서 툭
목 떨어지는 소리 서늘하다
바람날에 꽃 지는 소리
어디 먼 데서 산이 하나 엎어지느냐
계면조 음계 급하게 꺾어진다
새벽빛 푸르게 불러들이던
대금 소리 듣는다

백 년 빗소리며 문풍지 떨다 목숨 지는 소리에 밤새가 홀로 청산을 흔들다 꿈길 드는 소리까지 청대 곧은 마디에 쟁여 쌓은 소리의 강

넘칠 듯 끊어질 듯 물너울 넘는 산조음은
귀명창이 듣고
소쩍새 울음 뒤로 숨는 그대 비색色 음계는
내가 듣는다

봄날 간다 가느냐 갔느냐
소리 푸르다 모래 젖는다

소리 너머 붉은 수수밭이 일어서고 있다

*단종 유적지.

서호西湖 가는 길
— 질문

전언傳言이 있었다

나 잠시 그 세상에 나가
누굴 수소문해도 되겠습니까

나 한 번만 그 세상에 나가
살아보아도 되겠습니까

나 딱 한 번만 그 세상에 나가
사랑을 해도 되겠습니까

그리고 날개옷 한 벌 벗어두고
그 세상 떠나도 되겠습니까

희고 둥근 누에의 우주로부터
물음이 있었다
날지도 못하는 누에나방에게 날개의 치장은
참담한 꿈 꾸기
헛꿈이라도 행복했겠다 날개 돋을 동안

*누에는 고치를 뚫고 나오면 바로 페로몬 향을 분비, 수컷을 유혹하고 긴 교미(1~3일 지속) 후 알을 낳고는 며칠 사이에 누에나방의 생애를 마친다. 날개는 있어도 날지 못하고. (중국 서호 가는 길은 온통 양잠 지대)

형태 공명 이론에 대한 보고서

1.
세상이 나로 넘친다 내 본성들이 나뉘고 담을 넘어
일면식 없이도
사람과 사람 사이를
사물과 사물 사이를
먹거나 트거나 투과되거나 간에 타자 속으로 잠행해 든다
(의지완 별개다)

나를 소유한 타자는 숙주는 너는
하늘은 구름은 고양이는 쥐는
이미 나이고 나처럼 행동하고 나처럼
영혼의 관절을 앓는다

사통팔달의 교차로를 눈여겨봐
내 감각과 네 관념이 집단으로 걸어 다니지
나로 하여 시끄럽고 뜨겁고 추운
일체가 포만한 교활과 비열에 주죽들어(주눅 들어?)
비만한 시류時流에 떠내려간다 둥 둥 둥
가랑잎인지 북소린지 흘러가는 중이다

작고 비린 내 본체라 할 저 여자가 저 남자가
서로를 읽어낸다

나를 건드리지 마 다쳐 –
우리는 얼마나 익숙한 타자인가

2.
쥐덫을 놓았다
흑요석 같은 눈이 슬프다
놈의 철망을 움켜쥔 떨고 있는 저
작은 다섯 손가락을 잡아 주고 싶었다
문고리를 따자
잠깐 눈치를 보던 놈은 뒤도 안 보고 튀었는데
그날 내 일기장 마지막 행은
나를 껴안다 – 견고딕체로 쓰이고
밑줄이 그어졌다

저기가 기우뚱하다

산길 아니라도 한발 비켜서면
비탈이 보인다
바람도 달빛도 핥다가 그만두는 생의 등줄기,
손톱자국들.

어디고 나서는 길이 다 비탈이라고
일을 잃은 네가 쓸쓸히 웃을 때도 경사면에 등을
대고 숨을 고르는 등산로 역광의 시그널들 사무치게 올 때도

나는 하릴없이 그대의 방을 엿본다

낮도 밤만 같아서
뇌성에서 벽력으로 이어지다
겨울에서 또 겨울로 이어지는
모래의 사계

조을고 가는 새벽길 전동차가 기우뚱하다

발을 굴러 하루를 돌아올 네 손에 검은 비닐봉지 하나 따뜻하면
좋겠다
 부디 그대의 땀내가
 그대의 그대에게 향기로우면 좋겠다

마른 덤불 속에서
새 한 마리 튕기듯 날아오른다
나는 아무 짓도 안 했는데
날갯짓이 비스듬하고 주춤거리는

어린 죽지에게 허공은 주욱 비탈이다

신의 화필

우리가 산밭에 당도했을 때

어른께서는 신새벽부터

퍼들퍼들 감자밭을 펼쳐 놓으셨다

흰 점을 꼼꼼히 찍고 계셨다

감자꽃들 희끗희끗 피어나 등성이 쪽으로 오르는데

그 너머 원경이 뭉개져 있다

밤새 휑한 아래 들녘
수억, 시계풀꽃들을 저리 또렷또렷 찍으시느라
지쳐 기진하신 게다
잠이 부족하셨던 게다

멀리 가로수 길도 부연 안개발로 뭉개 놓으셨다

그리다 겨우면 뭉개기 기법으로

여백 처리를 해 버린 내 그림 같다

동시영

동시영 시인은 1952년 충북 괴산에서 태어나 2003년 《다층》으로 등단하여 『너였는가 나였는가 그리움인가』『비밀의 향기』『일상의 아리아』『펜 아래 흐르는 강물』 등 여덟 권의 시집을 냈다. 시는 우주의 힘으로 쓰는 것이라 믿으며 오늘도 지구촌 순례자로 존재론적 근원을 찾아 떠나고 있다.

siyoung.doung@gmail.com

노동에 빠져야 삶을 건지는 사람들

노동에 빠져야 삶을 건지는 사람들

사는 건 눈물겨운 웃음
섞임을 딛고 홀로 선다

나도 내가 만든 내 것이 아니다
날마다
남이 만든 나를 내 것처럼 쓴다

사람들은 걸어 다니는 유성
날마다
보이지 않는 시간에서 공간까지 가서 산다

사랑하다 사랑해지고
쓰다가 써지고
듣다가 들리는
절대 능동으로 절대 수동을 만든다

길에서 만난 조약돌을 흔들어 보자
먼 바다에서 흘러오는
파도 소리가 났다

독백과 방백 사이

새벽,
한 송이 소음처럼
내가 깨어 있다

하루 치 나이테처럼 바퀴를 돌리는 마을버스들이
도시의 요정처럼 재잘대고
소음 나무 잎사귀처럼 나부끼고 있다

장마에 강으로 떠내려가던 황토는
나뭇잎에 걸려 오도 가도 못하고
누군가 버린 페트병이
나뭇가지에 끼워
나무춤 한번 배워 보고 있다

산 아랫마을이 구름처럼 떠 있다
마을이 눈썹으로 그려 넣은 진한 산이
하느님의 시선처럼
슬퍼하지 않는 눈물,
낙엽을 키우고 있다

사람 하나,
제일 편한 의자는 나라고 독백하고 가자

산이 쓰윽 밀려 나갔다
중심이던 산이 배경이 되었다

혼자 사는 하늘은 얼마나 외로울까

하늘이 큰 입 열어 방백하고 있다
독백이 방백 사이에서 울리고 있다

말의 하늘에 오로라가 뜬다

눈 내려,
하늘과 땅이 눈인사한다

바람 속에서
원시의 입술이 피리를 분다

뜰 앞 나무는 은하수에 드리운 낚시

우아한 백조,
백지의 날개 위에 시를 쓴다

말의 하늘에 오로라가 뜬다

지나가던 별빛이 시에 들어와 춤추다 간다

밤이면 아주 작아지는 우주
내 곁에 앉아 놀고 있다

다가의 노래

따라!
지금을
장밋빛 와인처럼

주머니 속 동전처럼 헤매다니다가

회오리바람으로 부는 후회를 바라보다가

이슬비와 함께 내리다가
슬픔은 삶에 내리는 이슬비라 생각하다가

멈추지 않는 바람은 없다고 생각하다가
슬픔도 그렇다고 생각하다가

본능은 삶을 가장 잘 데리고 간다고
뭘 하면서 뭘 하는지 모르다가
어디로 가는지 몰라 잘 가고 있다가

인연은 우릴 키우는 어머니라고 생각하다가

숨결을 풍선처럼 타고 다니다가

그림자를 자꾸 따라다니다가

옛날의 무성한 소문, 전설을 듣다가

살진 여인처럼 뒤뚱대는 역사를 구경하다가

소리 나그네, 말들을 따라다니다가

벌이 꽃에서 훔쳐 온 꿀을
훔쳐 가는 사람을 구경하다가
꽃 같던 사람들을 누가 다 훔쳐 갔나 생각하다가

장미가 향기 찍어 나비에게 쓰는 편지를 읽어 주다가

주머니 속 동전도 써야 물건을 가져오듯
써야 시를 가져온다고 시를 쓰다가

삶은 반복의 것이라고
한 가지 몸짓으로 오고 가다가

나무가 새 옷 입을 때
마음도 한 벌 갈아 입힐까 생각하다가

가을날 나무들은 잎을 떨구는데
사람들은 그들의 가을날
아직도 돈을 모은다고 생각하다가

오늘 아침,
수탉은 아침이 오라고 울지 않았다
예쁜 암탉이 오라고 울었다고 생각하다가

바닷가 황혼 산기슭 추억 구름……
모든 난간은 아름답다고 생각하다가

세상 거울에 비춰 보려고 새싹들은 자꾸 나온다고
생각하다가

삶은 끝 없는 배고픔
먹어도 이내 배고픈 나는 누군가 생각하다가

따라!
웃음을
한 잔 와인처럼

감자를 깎다가 우주를 깎다

감자를 깎다가
우주를 깎았다

화성 씨눈이
목성 씨눈이
씨눈 하나가 별 하나다

감자는 땅속에서
우주를 만들어 왔다

둥근 우주에
씨눈이 별들
씨눈이 목숨들

감자를 깔 때마다
하나씩 열려오는
별들의 성문

와르르
별들의 함성이 들려 온다

산노루

흐르고 닦아 거울 된 계곡물
산노루 한 마리 거울 보러 왔나
순간만 보여주고 다시 볼 수 없었다

보고도 못 본 순간 만남 이별

내 눈 속엔
이내 노루꽃이 피어나
온 봄 다 가도록 시들 줄을 몰랐다

오늘 흘린 시간

오늘 흘린 시간이 사라지고 있다
싸락눈이 하루를 쓸어낸다

노을이 불춤을 춘다

불경기에 시달리다 술집을 마셔버린 술들이
나와 흔들거리고 있다

소금 같은 흰 머리로 청춘을 절인 여자가
눈물 많은 나라의 왕비처럼 혼자 울고 있다

표정나무,
사람들 지나가고
발자국은
삶의 비밀을 쓴다
닳아빠진 미소를 간판으로 내건
카페 아가씨 얼굴 너머로
사람들이 자주 써 주지 않아 외로운 말들이
그림자처럼 지나간다

밤이 어둠 열자
사람들 잠 속에선

꿈이 떠오르고 있다

방랑에 잡힌 랭보의 꿈처럼
그물 속 생선으로 팔딱이고 있다

한마디 말처럼

하늘과 땅은 영원의 입술
거기
한마디 말처럼 우리는 산다

누구의 손에 끼웠는지
모르고 사는 반지처럼
세상에 끼워 사는 사람들

오늘은
어디 있는지 몰라
그냥 서 있는 곳
손으론 손자국 판화
발로는 발자국 판화

삶은 허공에서 길 찾기
새들은 안다
허공이 영원이라는 걸
사는 건 경계가 경계를 허무는 것

목숨은 갈수록 쌀쌀한 남
그들이 쓴 시간이 그들을 버린다

벚꽃이 벗하는 봄날
산 같은 빌딩
계곡 같은 골목
물 같은 사람들

사람들은 낯섦이 닳아
익숙해질까 봐 아껴 쓰고 있다
입에 드나드는 천사
웃음 하나 꺼내 본다

집 나갈 집도 없다

불볕더위,
땅도
나무들을 힘껏 손에 쥐고
부채질한다

시간마저도
귀족 시간만 골라 쓴다는
사람들 따라 법이 사는 세상

간도 쓸개도 있다 없다 해야 사는 사람들이
돌림노래처럼 오늘을 부른다

그냥
숨소리나 쓰고 살라고
일벌처럼
꿀이나 자꾸 만들라고
외쳐대는 큰 목소리

꿀벌들도
홧김에 집 나간다는데

집 나갈
집도 없다

일상의 아리아

삶의 소음은 신성의 목소리
가장 살아 있는 삶의 몸뚱이
일상의 노래, 소음 한 떼가
새떼보다 빠르게 어디론가 날아간다
웃음으로 넘치는 샘물
연인들이 오늘 위를 춤추며 날아간다

골목 한쪽이
벗었다 입히는 옷처럼
다시 사람들로 가득해진다

꽃들은 쉼 없이 웃어주려고
꽃잎 한 쪽에 웃음을 쓰윽 발라두고 있다
말들이 사람들 입가로 달려가 다시 또
구름처럼 피어나고 있다

오랜 빈손처럼
신의 말은 고요하다

태초를 낳는 아낙

어디로 가는지 모르는
종소리가 바닷가를 지나간다

빗방울 하나 속으로
거대한 바다가 빠져든다
순간에 영원도 빠져든다
조가비들과 갈매기들이 시간의 틈새를 여닫는다
안개의 혀가 까마득한 옛날도 지금이었다 말하자
생각이 거울을 본다

바람이
태초太初를 낳는 아낙처럼 울고 있다

습관이 발자국이다

삶은 시간에 뜨는 무지개
열기구처럼 떠오르는 태양
아침을 몰고 날아오르는 새
수면 위로 뛰어오르며 물옷 벗는
물고기 몸매
쟁쟁한 솜씨로 기어올라
허공을 잡고 흔드는 담쟁이

사람들은 신비를 신처럼 신고 다닌다
습관이 발자국이다
시간이 만나러 다가오고
공간이 안아주러 오고 있다

시간에 갇혀 살던 사람들이
카페로 뻗어나가
하루의 가지에 앉아본다
지금은 시간이 깔아 놓은 카펫
추상을 구상으로 번역하는 삶

비밀의 향기

시간은 오고
꽃은 피어난다

셀 수 없는 시간 속에
셀 수 없는 행복이 살고 있다

서로는 서로의 풍경
비밀의 향기

시간은 가고
추억은 온다

지금만큼 못 넘을 산

슬픔에 지친 사람들 모여
지금만큼 못 넘을 산 없다고 하네

저마다 가지고 온 슬픔으로
자꾸만 높아가는 산
크르니키라*

고통으로 불 밝힌 눈
보이지 않는 그 너머
기도로 듣는 그 말씀

* 보스니아 헤르체코비나의 성모 발현 지역으로 알려진 야트막한 산.

쌀쌀한 날씨로 쌀을 씻는다

쌀쌀한 날씨로 쌀을 씻는다
하루를 밥하기 위해

시간을 줄넘기하는 놀이의 살기
혼자 먹는 밥처럼
혼자 하는 말

순간을 접는 천 마리 학이 되는가
모든 목숨은 싸게 팔린다
시간을 말아쥔 허무의 힘
시간이 상인이다
시간이여 시시각각의 간이역이여
쪼개도 쪼개도 하나 되는 시간의 혈통
침을 뱉어라 시간을 바꿀 수 없는
헛손질의 지금에

시간의 지평선 자유로 헤엄치는 물고기처럼
시간의 뼈를 부수라 부수고 만드는 차라리의 기쁨이여
기쁨말랭이라도 먹고 침묵을 설거지하라
노래를 바람의 휘파람을 불어라
시간이여 낙엽에 부는 휘파람이여
살캉거리는 삶을 삶아 먹고

알도 없는 알 낳기의 빈 것
단맛 쓴맛 하는 하루를 기억으로 환산하는가
발가벗은 갈망이여 발그레한 부끄럼이여
쏠뱅이의 쏠쏠거리는 말을 씹는가
씹을 것 없는 입처럼 쉬고 또 쉬는가

어둠으로 꾸민
별도
달도
배고픈가 보다
손잡이 없는 순가락
달이 구름을 퍼먹고 있다

박해림

박해림 시인은 1954년 부산에서 태어나 1996년 《시와시학》, 1999년 《월간문학》, 2001년 〈서울신문〉과 〈부산일보〉에서 각각 시, 동시, 시조로 등단하여 『실밥을 뜯으며』『고요, 혹은, 떨림』『바닥경전』『그대, 빈집이었으면 좋겠네』『오래 골목』 등 다섯 권의 시집과, 동시집 『간지럼 타는 배』『무릎편지 발자국 편지』와 시조집 『눈 녹는 마른 숲에』『저눌 부럽의 시』『미간』『못의 시학』『골목단상』이 있다. 이 밖에 문학평론가로서, 문학연구자로서도 의미 있는 작업을 수행해 가고 있다.

haelim21@hanmail.net

자국

창문 방충망에 벌이 달라붙었다
마치 꽃이 거기에 있다는 것처럼
안간힘을 쓰며 붕붕거렸다

촘촘한 네모의 공간이 내어준 희망 속에서
벌은 몸을 밀어 넣으려 쉴 새 없이 바둥거렸던 것인데
다음 날, 창문 방충망을 꼭 껴안고 죽어 있었다
날개를 흔들며 한차례 고요가 휩쓸고 갔으나
긴 가운뎃다리의 마지막 발이 바스러질 것만 같아
한참을 그대로 두었다

짧은 가을 햇볕이 긴 벽에 드리우는 오후
죽어서도 차마 떨어지지 못한 어떤 생의 짠한 자국만 같아
오래도록 기대고 싶어지는 것이다

K 시인

입동 지나 눈발 흩날리는데
오랜 친구를 만난다
귀밑까지 눌러쓴 모자가 제법 실하고
가슴팍까지 끌어올린 방한복의 지퍼가
이즈음 가장 근사했다

잠시 눈발 속을 걷자며 주머니에
손을 찔러넣은 시인의 눈빛은 형형했다
어깨를 움츠리는 대신 포, 포, 포, 웃음을 날렸다
치킨집을 여럿 보내고 해장국집은 멀어졌지만
철새처럼 법석을 떨며 지저귀었다

국숫발 같은 눈발이 턱에 내리꽂힐 때
으싸, 으싸 되받아치며
주머니를 꼭 움켜쥐고 있는 것이
칼을 품고 때를 엿보는 것만 같아
가슴이 출렁이는 것이었다

손을 빼서 가슴을 벗어 보이라고
툭툭 어깨를 칠까 하다가 잎 떨어진 나뭇가지
멀어진 하늘을 본다 눈발이 어지간하고
저녁 찻집의 모과향도 흩어져

막 시작한 계절이
어두워져 가는 골목길만 같아서 자꾸 뒤돌아보는데

두어 걸음 앞서 걷는 시인의 호주머니에서
영롱한 날을 숨긴 초저녁 별이
툭툭, 투투툭 눈발처럼 눈물처럼
쏟아져 내리는 것이었다

한 푼 구두

상점 진열대에 놓인 코끝이 둥글둥글한 구두와
눈이 마주쳤네
눈이 번쩍였네

아버지는 말했었네
구두를 반짝반짝 닦으면 한 푼 주겠다고

코끝이 반짝일수록 구두 속은 깊어져
아버지의 거친 발에 걸려 눈을 크게 떠야 했네
습하고 어두운 용천혈에 이르렀을 때는
호호 입김을 뿌려 제법 능청스럽게
구두닦이의 손아귀 재주를 흉내 내기도 했었네

아버지의 두툼한 손이 짧고 깊은 고요를 건너
정수리에 잠시 머물렀던 어느 봄날,

새벽달이 떠도 아버지는 돌아오지 않았네

반짝반짝 윤을 내던 작은 손은
코끝이 둥글둥글한 아버지의 구두를
짱하니, 정수리가 뜨거웠던 그 한 푼을

여태 쥐고 있었네

절규

절굿공이가 힘껏 고추를 빻는다
엇갈린 틈을 들이켰다가 내뱉는다
한 방향으로 돌진하는 검붉은 목마름이
사방으로 튀는
햇빛의 시간을 끌어모았다가
잘게 잘게 바수어버리는 것이다
다시는 일어나지 못하도록
발목을 으스러뜨려놓는 것이다

등받이 없는 의자에 걸터앉아
가루의 시간을 기다리는 사람들
절굿공이를 따라
눈이 휙, 올라갔다 쑤욱 내려갔다 하는데
한눈을 팔면 제 몸이 바수어질까
절굿공이를 한순간도 떼어놓지 않고 쌔려보는 것이다

바닥을 내리찧을 때마다
불끈불끈 주먹을 움켜쥐는 것이
뽑히지 않는 그 무엇이 있어
눈물 찔끔찔끔 흘러보내며 아닌 척도 해보는 것이다

슬픔의 버릇

비슷한 시기에 어머니를 잃은 동네 친구는
잘 놀다가도 해가 지면
외할머니 무릎에 고개를 깊이 파묻었다
창유리가 까매질 때까지 그러고 있었다
살아 있는 사람도 정물이 된다는 것을 그때 처음 알았다

비슷한 시기에 아버지를 잃은 나는
실컷 놀다가도 해가 지면
방 한쪽 구석에 기대놓은 이불 속으로 숨어들었다
오후의 빛이 제풀에 사그라들 때까지 그러고 있었다
보이는 것보다 소리가 더 무섭다는 것을 그때 처음 알았다

슬픔은 꼭 해가 질 때를 기다리는 고약한 버릇이 있다는 것도 처음 알았다

벌새

밧줄을 둘둘 감은 채
고층 아파트 외벽으로 힘껏 날아든 도장공

세상에서 가장 빠른 날갯짓으로 허공을 멈추더니
외벽 가득 붉고 노란 꽃을 활짝 피우더니

긴 주둥이를 날카롭게 세워
암술의 깊은 목에 혀를 밀어 넣는다
힘껏 꿀을 빨기 시작한다

목말 타던 아들의 발끝이
위, 아래 옆으로 전속력으로 달아날 때
단단하고 조밀한 어깨 근육이 불끈불끈 일어나는 것이

등이 가려워도 날갯짓을 멈출 수 없는데
발이 시려도 신을 고쳐 신을 수가 없는데

천둥과 번개를 가둔 저 무량한 꽃잎이여
천 근 꿀을 가둔 저 아득한 허공이여

사내,
밧줄을 더욱 팽팽히 쥔다

무량 날갯짓으로 다음 외벽을 향해 힘껏 솟구친다

안부

한 줄이면 어떻습니까?

두 줄이면 어떻습니까?

석 줄 위에 명주바람 내려앉습니다

당신이 오는 길목에
찰랑찰랑 햇살을 받아든 나뭇잎을 가만히 놓아두겠습니다

귀만 열어 두겠습니다

그늘

아름드리 느티나무 가지가 베어진 후
나무를 지탱하던 그늘도 사라졌다

수없는 하늘
수많은 구름이
여럿의 천둥 번개가
느티나무 부근에서 서성거리더니

어느 무덥던 여름날
그늘이었던 자리에서
나뭇가지가 쭉쭉 뻗어 올랐다
잎사귀가 팔랑이며 바람을 간지럼 태우는 것이었다

아버지가 앉았던 자리에서
나뭇가지가 뻗어 오르고
해마다 무성한 잎사귀가 팔랑거리며
서늘한 바람을 불러모으는 것은 전혀 이상한 일은 아니었다

존재이 기어이 지위지지 않는 한
그늘도 저 스스로 떠날 수 없었던 거였다

발꿈치의 말

나는 내 식구의 발꿈치를
본 적이 오래되었다 만진 적은 더욱 오래다 대개
스타킹이나 양말 속에 갇혔거나 신발 속에 들어앉아서 도무지
나올 생각 없는 하루를 살아야 하는 때문이다

저녁이 되어도 발꿈치를 볼 수 없었는데
긴 하루를 물린 후 소파나 바닥에 앉아 발을 흐트러뜨리느라
온 마음을 다 썼기 때문이다

바닥을 딛고 섰을 때도 발꿈치는 볼 수 없었다
근시의 시력으로는 미처 가닿지 않아서이고
딱히 허리를 굽혀야 할 이유를 찾지 못해서였다
하늘을 가리는 늘어진 나뭇가지를 쳐내고 고르는 일에 더 열심이지 않았느냐면
변명의 여지는 없다

어느 볕 좋은 날
딱 한 번이라도 제대로 들여다보고 어루만졌다면
인디애나 존스의 영화에 나오는 저 사하라의 모래처럼 푸석푸석하지 않았을 것이다
갈라진 발꿈치를 줄칼로 다듬어야 할 변명 따위는 듣지 않아도 되는 것이다

만진다는 것과 본다는 것은 발꿈치를 안다는 말이다
발꿈치를 안다는 말은 온 마음을 다 쓴다는 말이다

미완의 변명

꽃이 피려다 말았다
속을 뒤집어 봤지만 단단한 이마만 반짝일 뿐 젖은 머리칼을 내려뜨린 가지 끝 첫 봉오리는 파동이 없다

꾹 다문 입술은 미각을 버린 석면을 닮았다 부풀다 만 납작한 가슴을 꼭 끌어안은 채
두 다리를 옴팡지게 가둬버렸다 쉴 새 없이 흐르던 물소리가 파닥이다 멈추었다

피지도 못한 구차함은 푸른 물방울 뒤에 딱 붙어 있다

허공의 계단을 쭉 밀고 내려온 새는 주둥이를 내밀 때를 기다리지 못한다 지금,
무슨 일이 일어난 거지?

첫 가슴은 수많은 헛바닥을 가진 별, 뜨거운 가슴을 가진 단 하나의 우주가 될 텐데
저녁 창가의 뜨겁고 달콤한 첫 키스, 완벽한 침묵 속 누군가 베어낸 달의 흉터를 한순간에 봉합할 텐데

꽃은 진작 허공에 잎사귀를 던져두고 계단을 거둬들였다 새가 노래할 때 물소리의 기억을 지우기로 한 것은

차가운 이별의 슬픔을 견딜 수 없었기 때문이라는데 분홍 입술이 첫 키스를 오래 기억할 용기가 없었기 때문이라는데

　피다 만 봉오리는 더는 흐르지 않고
　촘촘한 상처는 부풀어 오르지도 납작해지지도 않는다 잎끝에 매달린 구름이 잠시 느슨해질 때

　겁탈을 엿보던 사내, 햇빛 속으로 줄행랑친다.

라일락 할매

봄비가 부슬부슬 내리는
인사동 늦은 오후
골동품가게 한 골목에서
한 늙은 여자 방금 볼일을 끝냈는지
연신 허리춤을 추스르고 있다

가다가 뒤돌아보니 어디가 잘못되었는지
아랫도리에 손을 깊숙이 집어넣어
이쪽저쪽 살을 어르고 있다
괜히 얼굴이 붉어져 고개를 돌리는데
설렁탕집 건물 옆에 막 피어난 라일락이
부끄러운 몸을 어쩌지 못하고 있었다

저 다 늙은 부끄러움도
한때는
라일락처럼 열세 살 소녀의
봉긋한 유두를 갖고 있었을 것이다

여린 가지 끝의 향기를
차마 다 뿜어내지 못해
제 몸을 어쩌지 못했을 것이다

아직 다 끌어올리지 못한
늙은 여자의 허리춤에
비뚜름하게 걸린 인사동 골목이
이제 막 피어났다가
어정쩡 저물고 있다

이즈음 알게 된 것들

유리창에 내린 햇빛은 춤추며 스며든다는 것
속살속살 귓전으로 내린다는 것
비는 꼭 산으로 들로 발꿈치 들고 쏘다니기를 좋아한다는 것
으늑한 지붕 아래 구석진 곳으로만 몰래몰래 숨는다는 것
오래된 것들에게선 울음도 허기진다는 것
빛이 바래져서야 비로소 또렷해진다는 것이다

마주하고 옆에 없어도 꽃이 피고 새가 난다는 것
그 너머와 저 너머 따로 있어도 끝내 한곳으로 모인다는 것
당신의 심장에 후드득 떨어지는 눈물은 여전히 둥글다는 것
뜨거운 혈관을 건너 마침내 소沼를 이룬다는 것이다

저녁의 툇마루를 떠올리는 오후, 오래 문턱을 넘었던 성근 걸음은
툭 툭 투두둑 조곤조곤 귓속말을 나누고 싶은 것이다
별이 뜨면 별꿈을 달이 뜨면 달꿈을 꿀 때
이제껏 걸어온 발이 바람이 되고 노래로 흩어질 때
당신의 등만 봐도 햇볕이 얼마나 쌓였는지
높새바람이 일 것인지 알게 되는 것이다

봄날, 발등에 내린 햇볕이 거침없는 막춤을 추어대고
꽃에서 꽃으로 가는 시간은 아직도 유효하다는 것을 알게 되는

것이다

   그리운 것들은
   아주 작은 솜털만으로도 혹한을 껴안을 수 있고
   사진 속 젊은 엄마는 아직도 간지럼을 태우는데
   늙은 엄마의 기침은 윗목에서도 뼈 시리게 뜨겁다는 것이다

적막

휘영청 진달래 피었고나야 이 산 저 산
활활 번지는 지름불 내리닫이 절벽이로구나야

진갈매 징살맞은 길
애오라지 걷겠구나야

무서리 내린 앞섶 눈물 또 쏟겠구나야
속속들이 짓무른 살 차마 나, 못살겠구나야

귀 밝아 적막이로구나야
그리움 홀로 산 넘겠구나야

초판본 부근

어느 수집가의 유리진열대 한쪽에 숨어 있는
김소월 시집 초판본이 시가로 치면 일억이 넘는다는데
얼룩덜룩 변색한 책은 진작 멱살이 잡혔지만
오랜 시간
호흡을 멈추지 않았다는 것인데

어떻게 호흡의 대가가 일억이냐고 따지면
등 시린 봄볕과 눈물도 말려버린 가을 볕살 진창의 한여름 땡볕을 심장에 욱여넣어
혹한에 내다 건 긴 긴 눈설레의 들마꽃 시절, 발걸음도 찍지 못한 채 날려 보낸
오래 사막이었던 잿개비가 된 시절을 그새 잊었느냐고
득달같이 되따질 것만 같아 차마 묻지 못한다

창문도 봉쇄한 때우고 메운 강화유리에 꼼짝없이 갇힌 초판본 김소월 시집이 가쁜 호흡을 연신 몰아쉬는데

변변찮은 까닭 없는 초판본 생 하나 때아닌 가을 장맛비에 흐릿흐릿 젖어 든다

진법

햇빛 아래 발톱이 눈부시다
각기 다른 창을 가진 기억의 방이 퍼덕이며 날개를 펼친다, 늘 그랬듯

익숙한,
자작나무의 희끄무레한 숨결을 견뎌온 결핍의 시간은 내일의 다락방에서나 안도할 테지

날개를 가졌으나 한 번도 날아본 적 없으니
하늘을 꿈꾸었으나 한 번도 땅을 벗어난 적 없으니

어린 발톱이 달을 훔쳤던 적이 있었다
어린 발톱이 해를 할퀴었던 적이 있었다

뿔을 꿈꾸었으나
모자만 갖게 된 여섯 살은 늘 무언가 훔치기만 했고 훔쳐도 훔쳐도 성에 차지 않았다

그럴 때마다 발톱은 안으로 슬픔을 키웠다

꿈의 기슭에는 도망치는 법을 잊어버린 새가 아직도 날고 있으니

가끔 바닥에 어둠을 내려놓고 심호흡을 몰래 키우기도 했을 것이다
다음 날이면 다시 발목을 내려놓을지라도
또 다음날이면,

푸득 푸드득 가슴뼈가 드러나도록 진저리를 치곤 할 것이다
기억을 회복한 날개가 구름이 될 때까지

윤범모

윤범모 시인은 1950년 충남 천안에서 태어나 2008년 《시와시학》으로 등단하여 『노을 氏, 안녕!』『멀고 먼 해우소』『토함산 석굴암』 등 네 권의 시집을 냈다. 미술평론으로 일가를 이루고도 차마 저버릴 수 없었던 청춘의 시혼에 불을 냉겨 활낱하면서도 뜨거운 언어의 "밥상 물리는 재미"에 푹 빠져 지내고 있다.

younbummo@hanmail.net

유자농원에서

농부
하늘로 치솟은 우듬지의 수직 줄기를 자른다
나뭇가지들을 끌어내리면서 수평으로 눕힌다
하늘보다 땅과 가깝게 철사로 묶는다

농부는 말한다
키만 크거나
수직으로 뻗은 가지는 열매를 맺지 않아요
덩치를 키우지 않고
그것도 옆으로 뻗어야
튼실한 열매를 만들거든요

키만 크려 했던 젊은 날의 부끄러움을 안고
나는 키 낮은 가지의 노란 열매 옆에서
허리를 숙인다

백척간두
— 실상사 도법 스님과 다담茶談에서

위태롭게
위태롭게
우리는 날마다 백척간두百尺竿頭에 서 있네
천 길 낭떠러지 위에서
한 걸음 더 내딛기 위해
순간순간마다 아슬아슬하네

백척간두 위에 서는 것
일생에 어쩌다 몇 번 오는 것 아니라
늘 끼고 있는 것이라네

우리네 인생이 별것인가
들숨과 날숨
이게 전부 아닌가
한 순간이라도 숨 하나 제대로 챙기지 못하면
아무리 화려한 생애라 해도
끝장이라네
숨 한 번 내쉬는 것도 이렇게 엄중하거늘
어찌 백척간두가 따로 있겠는가

날숨 하나
그게 바로 백척간두인 것을

교통신호등

히말라야 산자락에 숨어 있는 조그마한 왕국
국법에 숲 보호가 최우선이라고 강조한 나라
그래서 터널도 없고 직선 고속도로도 없는 나라
외국인 관광객 몰려오는 것도 그렇게 좋아하지 않는 나라
그래도 자동차 숫자는 자꾸 늘고
교통사고라는 기이한 말도 나오니
할 수 없이 수도 한복판 교차로에 신호등을 세운 나라
부탄 유일의 교통신호등
가시오
서시오

부탄 주민들은 참을 수 없어 항의한다
저 괴물은 무엇이냐?
그래도 사람인데 어찌 기계가
서라면 서고
가라면 갈 수 있느냐?

결국 철거된 신호등

나는 사거리 신호등 자리에 서서
원주민들에게 고개 숙여 절을 한다

윤범모

동거인

하필이면 태풍 부는 날
이사를 했다
도시의 고층아파트에서 산자락의 마당 있는 집으로
늙은 거처를 옮겼다

울안의 나무들이 온몸 흔들면서 환영인사를 건넸다
하늘에서는 빗방울도 듬뿍 내려주면서
땅과 만나는 빗소리까지 만들어 주었다
아, 비 내리는 소리
세상에는 빗소리도 다 있었구나
집 마당에 떨어지는 빗방울 소리
나는 갑작스럽게 부자가 되었다

태풍 부는 날
나는 현주소를 옮겼다
빗소리가 동거인으로 함께 왔다

집사람

백년해로하다 상처하고
먼 길을 돌아온 노인
그에게 위로와 함께 향후 거처를 질문했다

글쎄, 아내가 없으니 마땅히 돌아가야 할 집도 없구려
그동안 아내가 살고 있는 집을 우리 집이라고 불렀는데
이제 우리 집이 없어졌어요
자기 부인을 보고 왜 집사람이라고 부르는지
마누라 잃고서야 그 이유를 알게 되었구려

집사람 잃은 노인
집까지 잃다

바람 미술관

바다가 보이는 비탈진 언덕에
미술관이라고 명패를 단 창고 같은 조그만 건물
안에는 진열품 하나 없다

꽉 채우지 않은 벽면의 일정한 간격
그 파격의 틈새로
햇살은 막무가내로 비집고 들어와 빗금으로 살랑거렸다
화려했다
햇살 작품

태평양 건너
제주의 억새밭 뒤흔들고 끼어든 바람
전시장을 가득 메웠다

바람을 전시하다니
바람 소리를 전시하다니
세상의 소리를 보라고 전시하다니
오, 관세음(觀世音)

高手 – 물레 버리기

물레를 돌릴수록 기술만 늘었네
물론 기술자가 되려고 흙 작업을 한 것은 아니었고

방황하다
삼만 번 절하면서
비우는 것을 배웠지

물레를 버리고 나니
자유가 찾아오더라고

버려야 얻어지는 것
그릇은 원래 비어 있는 것 아닌가

고수 — 佛母

불상만 깎던 어떤 조각가
말년에 이르러
자신이 조성했던 불상들을 부숴버렸다네
불모라고 대우받으면서 만든 성상聖像
따지고 보니 모두 가짜였다는 거야

깨닫지 않고 어떻게 깨달은 분의 모습을 만들 수 있겠는가

하기야 붓다 재세 당시는 물론
사후 수백 년간은 불상을 만들지 않았지
어떻게 지존을 감히 표현할 수 있겠는가
차라리 빈자리로 비워두든가
법륜이나 보리수 같은 상징물로 대신해야지

깨달은 이의 모습
깨달음의 근처도 가보지 않은 석공이
어떻게 불상을 만들 수 있겠는가

불모라는 명예로운 이름을 버리면서
불상을 깨부순 분
드디어 자기 자신을 깨부쉈구나

좋은 날

지리산 칠선계곡 옆 자락
움막 한 채
거기 독거노인
날 밝자 어머니의 산과 함께
하루를 챙긴다

마당에서 호두를 까니
산중 새들 문안인사 와
노인의 팔 위에 앉는다
오늘도 멋있게 보내자꾸나
이에 화답하고자 아침 해는 동산 위로 오르고
지상의 나무들은 이미 붉게 물들기도 했고
흘러가는 세월 아무런 일 아니라는 듯
몸치장한 이파리들 날려 보낸다

날마다 좋은 날
산중 가득하더라

몸 가벼이 흘러가는 저 강물을 보아라

절벽에 올라 강을 본다
저무는 해를 붙들고
천 년 전에도 흘러갔을 저 강물
어쩌면 군소리 하나 없이 오늘도
아래로 아래로만 흘러갈까
자기의 나이도 잊고

뒤에 오는 신참에게 자리를 내주며
낮은 곳으로만 흘러가는 물줄기
세상에서 정말로 어려운 일은 남에게
내 자리를 내주면서
가장 낮은 위치로 내려가는 것
세상에서 제일 어려운 것은 바로 하심下心 공부!
마음을 내려 비워내는 일 아닌가

한눈팔지 않고 다소곳이 아래로만 내려가는
마음 비워 몸 가벼운 저 강물
나는 언제 낮은 곳에서 고개를 숙이며
내 이름과 몸을 다 비워낼 수 있을까
바다에 이르는 강물은 자신의 이름을 고집하지 않는다는데

저무는 여름 강가에

대책 없이 나선
나의 손발은 오늘도 시리기만 하다

지붕 위의 소

소들이 지붕 위에 서 있다
거대한 홍수가 휩쓸고 간 뒤
황폐화된 풍경 속에서 일어난 사건이었다

오지랖이 넓은 소
홍수에 떠내려가면서도 온몸을 물에 맡기었다
덩치 큰 황소라 해도 세파와 싸우지 않았다
마침 물에 잠긴 마을의 지붕 위에 오르게 되었다

말들은 떠내려가면서
저 혼자 살겠다고 발버둥 치다
모두 물속에 잠겨 버렸다

서푼짜리 풀잎 식사라도 진수성찬인 듯
다시 꺼내 반추하면서 음미하는 황소
그 넓적한 배를 배船 삼아
거친 홍수에도 뜰 수 있었다

사람들은 왜 한우를 최고라고 하는가
마치 우리 겨레의 역사와 같은 한우
홍수라는 고난의 역사에서도 침몰하지 않는 한우
기마민족 어쩌구 하는 그 말을 버리고

밖에서 밀려오는 거대한 홍수도 두려워하지 않았다

한우
홍수에 떠내려가면서도 결코 가라앉을 수 없었다

한우의 메시지

음매, 음매에

소띠의 해를 맞아 내 한 말씀 올리겠습니다
특히 한우를 좋아하시는 한국인을 위하여
간절하게 한 말씀 올리겠습니다

원래 쇠고기라면 전통적으로 서양 사람들이 좋아했습니다
그네들의 식탁에 즐겨 올라간 비프스테이크
정말 비프스테이크 없으면 만찬이 아니라는 듯
우리 몸뚱어리를 좋아하는 서양 사람들
그네들은 음식 이름과 동물 이름까지 구별하면서 요리를 즐겼지요
그네들이 부르는 쇠고기 부위는 겨우 35개 정도
스테이크 천국의 명성과 과연 걸맞은 걸까요
쇠고기를 좋아하려면 정말 우리 몸뚱어리를 몽땅 즐겨야겠지요
여기 한국인들을 보십시오
예전 굶주림에 허덕일 때는 돼지고기라도
어쩌다 마을잔치 때나 구경할 수 있었습니다
수육이니, 돼지갈비니, 삼겹살이니, 그 또한 사치였습니다
그런데 웬 쇠고기 타령?
요즘 팔자가 피었는지
한국에서 소비되는 쇠고기 양이 엄청납니다

단군 할아버지 이래 최고의 활황을 누리고 있는 것 같습니다
이제 쇠고기는 공장에서 대량생산할 정도입니다
맛있는 고기를 만들려고 사료를 체계적으로 관리하여
축산업자들에게 과학 정신을 높여주고 있습니다
이제 축산은 농업이 아니라 과학이라고 해도 좋겠습니다

미식가 천국 대한민국은 쇠고기 부위를 물경 100가지 넘게 나눕니다
등심, 안심, 갈비, 채끝 등 대분할 10여 가지
제비추리, 부챗살, 설깃살 등 소분할 30여 가지
그뿐인가요
부산물로 사골, 머리, 소꼬리, 우족, 양, 벌집위, 막창, 곱창, 대창, 천엽
심지어 피까지
이런 한국인의 쇠고기 사랑을 세계 어느 민족이 따라올 수 있겠습니까
요리 방법도 다양하여 스테이크, 구이, 탕, 전골, 볶음, 조림, 게다가 육회까지
와, 한국인의 쇠고기 사랑
한국에서 소는 어느 부위 하나 버릴 것 없는
전폭적 사랑
한우는 대한민국의 상징입니다

올해는 소띠의 해
그런데 이상도 합니다
거대한 한우를 통째로 즐기면서
우리네 희생을 마음껏 누리고 힘만 늘리시더니
웬일인가요
싸움만 하고 계시다니
우리가 언제 쇠고기 많이 먹고 힘 길러 싸움질만 하라고 했던가요
남북, 동서, 여야, 남녀 등등
서로 잘났다고 싸움질로만 날 새고 있으니 답답하기 그지없습니다
내 몸뚱어리 남김없이 몽땅 다 바쳐
인간 족속들 건강한 체구 만드는 데 일조했더니
겨우 하는 짓은 남을 짓밟는 짓
정말 한우를 좋아하는 한국 사람 맞는가요
소띠의 해에 걱정되어 한 말씀 올립니다
부위별로 쇠고기를 즐기고 있는 한국 사람들에게
정말 한우 입장에서 간절히 요구합니다

남의 살 씹기 좋아하는 한국 사람들
이제부터 제 살 씹기를 연습해 보면 어떻겠습니까

고기 먹을 자격이 있는가
반성하면서

음매, 음매에

코로나바이러스에게

너
위대하구나
눈에 보이지도 않는 아주 쬐그만 미물 주제에

너
위력적이구나
세계를 공포의 도가니로 만들면서
지구촌이 한 마을로 묶여 있음을
실감 나게 알려주기도 하고

나그네 주제에 주인인 듯
좌충우돌 자연을 파괴하고
도시를 세우면서
지구를 마냥 괴롭히기만 한 인간 족속에게
드디어 천벌을 내리는구나

현대인이랍시고 벌이는 꼬락서니
일회용품 남발하면서 자원을 낭비한 죄
빌딩숲 만들어놓고 갖가지 공해를 만들어 뿌린 죄
밤이면 밤마다 불야성 이루며 흥청망청 설쳐댄 죄
사람 탈을 쓰고 사람값 천하게 만든 죄
이루 다 헤아리기조차 어려운 죄

죄
죄

참고 또 참고 있다 화가 난 바이러스
수천만 명을 감염시키고 수십만 명을 사망하게 한
아주 아주 쬐그만 바이러스
평소 대국이라고 큰소리치던 아메리카에게
엄청난 사망자를 내어 문제 국가로 추락하게 하고
선진 문명국가라고 뻐기던 유럽에게도 체면 구기게 하고
세상을 뒤집어엎는구나

외출할 때 제일 먼저 챙겨야 하는 마스크
뻔뻔해진 인간들에게
부끄러움을 알라고
얼굴 가리게 한 바이러스
드디어 복면 사회를 만들어주었구나

끼리끼리 모여 작당만 하지 말고
사회적 거리두기를 실천하라고
탕진한 세월을 홀로 반성하라고
심하게 매질하는
코로나바이러스

너
참 귀엽게 노는구나

파도야, 미안하다

천년 빙하야, 미안하다
만년설아, 미안하다
너희를 열 받게 하여 미안
미안하구나
온몸을 문드러지게 하며
눈물천지를 만들게 하여 미안하다
빙하와 만년설이 녹아내리는 만큼
뚱뚱해지는 너 바다야, 미안하다
덩치가 커질수록 노동량도 많아져
힘들어하는 파도, 너에게도 미안하구나
수위가 높아질수록
작은 섬은 무지막지 삼켜야 하는
불쌍한 파도, 파도야
다이어트 시대에 너의 비만증을 보며
할 말을 잃는구나

정말 미안하다
파도야

윤범모

눈물 오아시스

아주 먼 옛날이야기입니다만
어떤 거룩하신 분이 헐렁해진 육신이라는 옷을 벗어버리고
목관 안으로 들어갔답니다
이에 산천초목이 슬퍼했습니다
많은 사람들이 왔고
짐승들도 몰려와 슬퍼했습니다
덩치 큰 코끼리나 사자들도 그랬고
작은 벌레들도 그랬습니다
눈물 흘리는 소
눈물 흘리는 뱀
눈물 흘리는 새
심지어 개미들도 문상을 와 눈물을 흘렸습니다

드디어 애제자가 달려왔습니다
이에 스승은 관짝 밖으로 두 발을 내밀며
마지막 하직인사를 했습니다
세상의 모든 생명은 동등하다
생사는 같은 것이니 슬픔 따위는 필요 없다
스승은 커다란 가르침을 남기고 떠나갔습니다

세월은 흘러 이 땅은 많고도 많은 재난을 만나게 했고
비애 공동체를 만들게도 했습니다

슬픈 일이 너무 많아 이제 동물들은 물론
사람들까지도 눈물을 메마르게 했습니다
눈물 없는 개
눈물 없는 닭
눈물 없는 사람

신촌 새절에만 가도 볼 수 있는
열반도 속의 눈물 이야기
이제 전설처럼 떠돌고 있다 합니다
눈물조차 메마르게 하는 세상
이제 눈에 보이지도 않는 코로나바이러스까지 나타나
세상을 쥐고 흔들면서
유족의 눈물조차 허락하지 않고
사회적 거리두기의 도시사막을 만들었습니다
과연 숨어 있을까요
눈물 오아시스

정말 남아 있을까요
사람의 눈물
개미의 눈물

윤효

윤효 시인은 1956년 충남 논산에서 태어나 1984년 《현대문학》으로 등단하여 『물결』 『얼음새꽃』 『햇살방석』 『참말』 『배꼽』 등 다섯 권의 시집과 시선집 『언어경제학서설』을 냈다. "짧은 말, 그러나 시골 간이역 나부끼는 손수건의 이별처럼 아득한 시"와 "쉬운 말, 그러나 가슴에 남는 시"를 꿈꾸며 시의 진면목과 마주 서고자 애쓰고 있다. 시동인 〈작은詩앗·채송화〉 동인으로 활동하고 있다.

treeycs@yoonhyo.com

박용래朴龍來 1

    전업 시인專業詩人 박용래는 평생 집 안에만 머물렀습니다. 출퇴근이 필요 없는 이른바 재택 근무, 그러나 가끔 출장 갈 일이 생기곤 하였습니다. 철 따라 풀꽃 피면 그 꽃 만나러 길을 나서곤 하였습니다. 들녘 멀리 새떼의 행방을 쫓아 황토투성이로 헤매곤 하였습니다. 어스름에 취해 늦은 저물녘에야 비틀걸음으로 돌아오곤 하였습니다.

박용래 朴龍來 2

 방안 퉁소 박용래는 시상이 떠오를 때면 손끝이 떨려 제대로 글씨를 쓸 수 없었다 한다. 그래서 딸들에게 불러 주며 받아쓰게 했다 한다. 평생 일이라곤 시 쓰는 것밖에 없으면서 아버지는 왜 그것도 혼자 못하시느냐고 딸들이 더러 짜증을 내기도 했지만, 방안 퉁소 박용래는 시상이 떠오를 때면 그 황홀한 기쁨에 온몸이 떨려 제대로 글씨를 쓸 수 없었다 한다.

박용래 朴龍來 3

1973년 8월 어느 저녁, 대전 목척교 옆 허름한 탁배기집.

옥천 출신 이 아무개 시인이 박용래 시인 앞에서 제 고장 산수만을 자랑삼아 늘어놓았다.

끝내 시인 정지용을 입에 올리지 않았다.

"내가 옥천을 기억하는 건 오로지 시인 정지용을 낳은 땅이기 때문이오."

"그런가요? 나는 정지용이가 우리게 사람인 줄도 몰랐네."

순간, 바람벽에서 벼락 치는 소리가 터졌다.

"야, 이문구, 너 정말 한심하구나. 너는 이런 것밖에 친구가 읎네? 시인 정지용이 제 고장 선배인 줄두 모르는 이런 무녀리두 시인 명색이라구 하냥 댕기는거? 이런 것두 사람이라구 마주 앉어 술 마시네?"

술잔을 벽에 던져 박살 내고도 성이 안 풀렸다 한다.

내내 화가 안 풀려 그 눈물 많은 시인이 그날은 울 겨를도 없었다 한다.

소설가 이문구의 '박용래 약전'에 나오는 이야기이다.

김종삼 金宗三 1

피얼룩
스쳐간
따에서
음악에
기대고
죽음에
기대어
詩몇줄
남기고
끝없는
반짝임
속으로
걸어서
날아간

향년
63세.

김종삼金宗三 2

안짱걸음 하나로 걸었다

인파에 떠밀려 부서지곤 하였다

가까스로 땅 끝에 닿았다

인연의 빗장을 두드렸다

아무도 없었다

다만 노을이 번지고 있었다

초저녁별이 반짝이고 있었다.

김종삼 金宗三 3

한 획
한 획
칼금 긋듯
그는
글씨를
썼다.
목판 새기듯
시도
그렇게
썼다.
핏물이
배어나곤
하였다.

오늘도
누군가
그에게
물었다.
―시가 뭐냐고?

일초 평전―超評傳

불립문자, 일찍이 부모를 베고 산문에 들다.
불립문자, 이윽고 부처마저 베어버리다.
불립문자, 돌연 문자에 귀의하여 다섯 수레의 글을 짓다.
불립문자, 끝내 문자를 베지 못하다.

* 일초―超는 시인 고은高銀의 출가 시절 이름.

소설가 이상문
— 우즈베크 시초詩抄 12

나무도 풀도 없는 산비탈에 좁다란 길이 등성이를 향해 위태롭게 이어져 있었다.

그 길을 양들이 줄지어 오르고 있었다.

염소 한 마리가 열 마리씩 맡아 이끌고 있었다.

가지런했다.

반질반질했다.

천방지축 우리 일행도 한 마리 염소를 따라 순순히 사막을 건널 수 있었다.

참말
— 박영석 대장

9년에 걸쳐
히말라야 14좌에 오른 산악인이
대답하였다.

열네 번 모두
더 이상 오르지 않아도 된다는 안도와
내려갈 걱정뿐이었다고.

참말은 참 싱겁다.

김학표 선생님

휴지를 줍고 계단을 쓸었다.
복도에 붙은 껌을 떼고
거미줄을 뗐다.

수도꼭지를 고치고
소변기를 닦았다.
막힌 대변기를 뚫었다.

꽃을 심고 풀을 뽑았다.
해진 출석부를 꿰매고
재떨이를 씻었다.

교감 할 일이 그렇게 없냐고
수군거렸으나
아랑곳하지 않았다.

낙엽 지면 낙엽 쓸고
눈 내리면 눈을 쓸었다.

남강 이승훈 南岡 李昇薰

　그 무렵 남강 선생이 한 푼 새경도 없이 상머슴으로 일했던 오산학교五山學校에는 경향 각지의 여러 학교에서 이런저런 이유로 쫓겨난 퇴학생들이 자주자주 전입해 들어오곤 하였습니다.

　여기저기 기웃거리다가 결국 모조리 퇴짜 맞고 오갈 데 없이 된 퇴학생들이 줄지어 찾아들곤 하였습니다.

　유난스레 괄괄한 이 학생들이 아무래도 학교 안팎을 조금은 번거롭게 하여서 이제는 받아주지 말자고 몇몇 선생이 의견을 내놓기도 하였습니다만,

　사나운 말이라야 준마 만들지, 그저 매초롬하기만 해서야 나라 잃고 떠도는 이 판국에 어디 쓰겠느냐고 선생들을 살살 달래놓고는 그 괄괄한 퇴학생들을 반가이 맞아들이곤 하였습니다.

함석헌 1

새 담임선생님 오신다고 아이들 정거장으로 내달릴 때, 일제히 환호하며 정거장으로 정거장으로 내달릴 때, 가만히 걸음을 멈추는 아이가 있었습니다. 내달린 길 되돌아 교실로 향하는 아이가 있었습니다.

교실로 돌아온 아이는 말끔히 청소를 하기 시작하였습니다. 선생님께서 쓰시는 책상이며 교탁이며 그리고 아이들 책걸상이며 유리창까지 정성스레 쓸고 닦는 것이었습니다.

그날, 우리나라 서북 끄트머리 용암포 바닷가 소학교 아이들은 세상에서 가장 깨끗한 교실에서 새 담임선생님을 맞이할 수 있었습니다.

그리고 그날, 새 담임선생님은 그 환하게 설레는 눈빛 중에서 가장 맑은 눈빛 하나를 보았습니다.

함석헌 2

1930년 무렵, 아직 서른도 되기 전의 선생이 오산학교五山學校에서 역사와 수신修身을 가르칠 때의 일입니다.

나라도 제대로 건사 못하던 그 딱한 시절에 웬 사회주의 바람이 밀어닥쳐서, 학생들도 온통 무슨 동맹인가를 만들어 늦가을 가랑잎같이 몰려다니곤 하였습니다.

그러던 어느 날인가는 그 학생들이 교무실로 우르르 몰려와서는 민족주의 선생들은 물러가라 물러가라 외치며 끝내는 손찌검을 퍼붓기도 하였습니다.

늘 흰 고무신에 한복을 차려입고 우리말로 우리 역사와 수신을 가르치던 선생도 그만 그 치도곤을 당하였습니다. 자리에 앉은 채 두 눈 꼭 감고 고스란히 당하기만 하였습니다.

며칠 후, 어떤 학생이 찾아와 그때 왜 두 눈을 꼭 감고만 계셨느냐고 여쭈었습니다.

나는 수양이 덜 된 사람이라서 나를 때리는 학생의 얼굴을 알게 되면, 그 후부터 그 학생을 전과 같은 마음으로 대할 수가 없을 것 같았네.

그 학생은 선생의 그 깊고 넓은 오지랖에 파묻혀 그만 엉엉 울고 말았습니다.

선생이 오산학교五山學校에서 늘 흰 고무신에 한복을 차려입고 역사와 수신을 가르칠 때의 일입니다.

함석헌 3

 남강 선생으로부터 삼 년 가르침 받고는 이미 선생의 그 깊은 숨결 중에서도 가장 붉고 뜨거운 곳까지 온전히 헤아리게 되었던 석헌이는 평생 여든여덟 해를 들사람으로 살면서 강연을 나가서나, 허드레 담소 중이거나 그저 덮어놓고 "선생님께서는……" 하는 식으로 이야기를 풀어나가곤 하였습니다. 처음 듣는 사람들은 어리둥절하였으나, 그들도 그이의 말 속에서 장엄하게 부활하는 선생의 붉고 뜨거운 숨결에 시나브로 젖어 들곤 하였습니다.

함석헌 4

  스승은 세상 떠날 때, 내 유해는 땅에 묻지 말고 생리 표본으로 만들어 학생들을 위해 쓰게 하라 유언하였습니다. 그러나 일제 관헌들의 방해로 그 뜻을 이루어 드릴 수 없었습니다.
  60년이 지난 후, 스승이 이루지 못한 그 유언을 대신 이루어 드리기 위해 한 제자가 스승과 똑같은 유언을 남기고 세상을 떠났습니다.

이경

이경 시인은 경남 산청 출생. 경희대학교 문학박사. 1993년 계간 《시와시학》으로 등단. 시집으로 『소와 뻐꾹새 소리와 엄지발가락』, 『흰소, 고삐를 놓아라』 『푸른 독』 『오늘이라는 시간의 꽃 한 송이』 『야생』이 있음. 유심작품상, 시와시학상 수상. 경희대학교 겸임교수와 《시와시학》 편집장 지냄.
sclk77@hanmail.net

흑백

화공은 검은 먹으로 흰 꽃을 그리네

국화 한 떨기를 화선지 위에 피워 올렸으나

정작 꽃잎에는 먹물 한 점 묻지 않았네

꽃은 본래 거기 있었다는 듯 태연자약

젖은 머리카락이라도 말리듯 목을 젖히고 있네

흰 종이 위에 흰 꽃을 증명하려면

그늘의 깊이를 건드릴수록 환하게 드러나는 꽃

먹은 검은 뼈를 갈아 흰 붓을 씻네

직소直訴

커다란 새장을 들고 날아야 하는 새가 있다

억조창생을 먹여 살리는 새

닭은 왜 날개가 있는데 날지 못합니까

새벽마다 높은 가지에 올라 하늘에 고하는 소리

맨드라미꽃보다 붉은 상소문

새벽이 풀어 내리는 흰 두루마리 위에 선혈 뚝 뚝

저걸 시라고 해야 하나

푸른색 천장을 가진 커다란 새장

야매野梅

달밤에 핀 들매화가
달보다 희다

향기를 도둑맞을지언정
팔지 않는다

절벽의 키스

한 번 더 키스하라 생의 절벽에서

말이 잘려 나가고

생각이 무너져버리는

언어의 벼랑 끝에서 한 발 내디뎌 보라

뿌리는 땅을 잡고

꽃은 허공을 딛고

지옥이 말라버리는 단 한 번의 키스

샹그릴라

한 발 헛디디면 굴러떨어지는 설산 암벽

호랑이가 건너뛰었다는 협곡의 벼랑 끝에서

뿔을 걸고 결투하듯 사랑을 한다

목숨이 위태롭지 않다면 그건 사랑 아니라고

평지의 우리 안에선 하지 않는다는 산양의 짝짓기

사랑과 질투의 대결

그 너머에 샹그릴라가 있다는데

야생

우리가 야생말이 살고 있다는 그 골짜기에 갔을 때

말들은 먼발치에서 도도한 꼬리를 끝끝내 감추어버렸어요

대세를 따르지 않고 대의를 택하는 검객처럼

말을 놓치고

말이 누고 간 똥 덩어리 앞에 서서 이런 소릴 들었지요
오지 마- 오지 마- 여긴 - 오지 마 우린 구경하는 말 아니야
너희 태우고 관광노역 하는 말 아니야

겨울 초원의 배고픔과 추위를 견딘 대가로
이곳은 자유와 쓰디쓴 자존이
초봄의 땅처럼 늦가을 하늘처럼 쌀쌀하게 살아 있는 곳
삶은 구경거리가 아니잖아

무슨 할 말이 있겠어요

문장의 고삐와 비유의 채찍에 길들지 않은 말

말이 사라진 골짜기에 쪼그리고 앉아 뜨거운 오줌을 누고 있었

지요

　개미취꽃 뿌리가 흠씬 젖도록 말이지요

번식기

매미가 우네 몸이 고파 우네 고픈 몸이 슬퍼 울고 또 우네

등을 뚫고 몸을 빠져나간 매미가 몸에 갇혀 우네

달아나도 달아나도 몸이네 오래된 감옥

보리수 아래 벗어놓고 간 몸이 비에 젖네

기어가다가 문득 멈추어 뭔가 해낸 몸

보리수 잎이 빈 몸을 상여처럼 받쳐 올리며 비를 맞네

발톱들이 잎을 잡고 놓지 않네

더 지킬 무엇이 있기라도 한 것처럼

몸이 몸을 빠져나가기 위해 제 등을 찢을 때

잎맥 속으로 파고들어 부르르 떨었을 발톱

몸을 밀어낸 몸이 몸 밖으로 밀려난 몸이

보리수 아래 엎드려 있네 등을 활짝 열고 꼼짝하지 않네

여름이 긴 기적을 울리며 여름을 빠져나가네

프르제발스키를 복제한 이유

그들은 벌써 몇백 년 전에 멸종되었다

야생의 말

몽골초원 후스타이 국립공원에서 얼핏 뒷모습을 들킨

프르제발스키는 달아난 말의 후손

순혈의 계보는 멸종 위기를 자초한다

더럽혀야 할 때 더럽히지 못하는 순수는 위험하다

강하고 지혜로운 자

멸종하는 생물들의 특징은 하나같이 자유롭고

우아한 털 빛깔과 낙천적 기질을 가졌으며

두려움이나 질투심이나 공격성이 없다는 점이다

굴종하거나 군림하지 않으며

싸움을 싫어하거나 싸울 필요를 못 느끼는 종족은

점점 더 깊이 숨어버리거나 더 빠르게

사라지는 중이다

글 읽는 소리

어머니는 숯으로 흙바닥에 글자를 가르쳐주며

일하는 곳까지 들리도록 큰 소리로 읽어 달라 했다

구슬 먹은 오리를 살린 윤회, 삼천갑자 동방삭이

글 읽는 소리 담 넘고 개울 건넜지

어머니 일터는 부엌이다가 뽕나무밭 누에방이다가

도둑골 목화밭이다가 물 건너 무밭이다가

떡을 다 못 팔고 해가 저문 어느 집 사립문 앞이다가

붉은 젖을 뚝뚝 흘리며

달빛 밟아 오는 신작로이다가……

나는 점점 더 큰 소리로 읽어야 했지

어머니 일하는 곳까지 들리도록 멀리 더 멀리

가이아

하얀 드레스 긴 너울을 끌며 붉은 카펫 위를 걸어가
꽃을 던지고 잡은 칼 한 자루
놓지 못하네

죽일 것을 죽여 살릴 것을 살리라는 칼의 말씀
도마 위에 오른 생이 펄떡이고 있어서

피를 보지 않고 어찌 칼을 배우랴
퇴화된 운명의 꼬리부터 싹둑 잘라주었지

네발로 기던 도마뱀이 상처를 하늘로 치켜들고
위풍당당 두 발로 걸어가는 것을 지켜봤지

사려 깊게 빛나는 칼의 눈
산으로 들로 나비처럼 팔랑팔랑 옮겨 앉던 그 아이

뿌리는 늘 생각보다 깊은 곳에 있어서
서투른 칼끝에서 설익은 꿈이 산산조각 부서져도

칼은 법이라
죄와 벌 사이 시퍼렇게 눈뜨는 외날 하나
우리 사이 하늘 아는 법 하나 세우는 일이라

요리사

아침 일찍 초원에 풀어놓은 말을 저녁에 불러들여요

하늘엔 말을 유인하는 풀피리 소리

어두워지면 그중 제일 사랑하는 말의 목을 베죠

죽은 말을 다진 말고기에 양념을 곁들여 지지고 볶아요

무슨 짓인가 하면서 작파할 수 없는 말 요리사

내 칼에 지워지지 않는 말 피

죽은 말고기 속에 정신을 불어넣겠다니 어림없지요

말을 벤 자리 무수히 돋아나는 잡종 교배의 말들

그중 어떤 천마가 울타리를 훌쩍 뛰어넘어 돌아오지 않기를

아 차라리, 나는 저 망나니 도망치는 말을 타고

세계를 일주하겠어요

그림 속 그림자 읽기
— 파주에서

구름이 아니라 돌이 날아다니는 하늘이라니
셀룰로이드처럼 구겨져 발광發光하는 돌
땅을 가리는 돌의 그림자

나무에게 누가 돌을 먹였다는 말이다 나무의 입에
재갈을 물렸다는 말이다
가지가 찢어지도록 무겁게

돌을 먹은 나무들이 너무 많이 돌을 삼켜
자궁 속에 돌이 자라게 된 나무들이
열매가 아니라
돌이 주렁주렁 열려 있는 나무들이
하늘을 향해 쏘아 올리기 시작했다는 말이다

산도에 장전한 돌을 토해내기 위해
방아쇠를 당기고 있다는 말이다 탕! 탕! 탕! 탕!
공중에서 돌은 커지고 부풀어 올라

둥둥 떠다니면서 소문의 핵폭탄이 되어 저 돌이
누구 머리에 떨어질지 모른다는 말이다

사과를 줍는 여자

함정이네요 달콤한 장애물 경기

사과를 줍기 위해 달리기를 멈추는 여자를 그린 그림을 보고 있어요

사과를 뛰어넘지 못한 여자가 허리를 굽히네요

사과는 여자를 먹기 위해 입을 크게 벌리고 있어요

한 손에 화살을 한 손에 방패를

함정과 구원의 양손을 내밀어요

거부할 수 없는 유혹인가요

벌레는 사과 속에 사과는 여자 속에 집을 지어요

벌레가 든 사과를 먹는 여자를 그린 그림을 보고 있어요

그림 속의 여자가 반쪽의 사과를 던져요

동쪽 하늘이 던진 사과를 서쪽 기슭이 받아요

사과 씨 하나가 땅에 닿아 달콤해지는 저녁이네요

자, 받아요 당신

크고 무거운 책
— 사막 7

사막에 책을 가지고 갈 필요는 없다
누구도 다 읽지 못한 크고 무거운 책이 거기 있다

모래알같이 많은 사람들이 태어나서 읽다가 죽고
태어나서 읽다가 죽었다
들고 갈 수도 읽고 갈 수도 없는 책

책갈피 속에 기어든 먼지벌레처럼 방향도 모르고
나는 기어가는 중이다
잠깐씩 걸음을 멈추기도 하고
오던 길을 되짚어 우회하기도 하며
어느 행간에서 꼭 놓친 것만 같은 그것을 찾아

바람이 페이지를 넘기는 소리가 들린다
책은 벌써 나를 다 읽은 모양이다
움켜쥐려 하면 손가락 사이로 흘러내리는 글자들
보는 눈을 뽑고, 듣는 귀를 베라고 하는 책

누가 저 책을 덮을 수 있으랴

뻘

바다도 제가 무엇인지 그것이 궁금해

하루에 두 번씩 물을 비우고

해일의 밑바닥을 들여다봅니다

바닥이 온통 뻘밭인 것을 보고

뻘밭이 온갖 잡것의 움막인 것을 보고

그냥 이대로 덮어두기로 합니다

임연태

임연태 시인은 1964년 경북 영주에서 태어나 2004년 《유심》으로 등단하여 시집 『청동물고기』를 냈다. 불교계 중견 기자로서 쌓은 숱한 현장 취재 이력이 역마살로 굳어져 『부도밭 기행』 『절집 기행』 『히말라야 행선 트레킹』 『정자에 올라 세상을 굽어보니』 등의 기행집과 『철조망에 걸린 희망』이라는 난민촌 르뽀집을 내기도 했다.

mian1@hanmail.net

사바세계 1
— 움막을 짓고 보니

허드레 물건 넣으려고
폐자재들로 지은
허름한 창고 하나

이틀 만에 뚝딱 지은
움막 창고 안으로
쓸 일 별로 없어도
버리기엔 아까운 것들
차곡차곡 넣다가 문득

이 움막 창고 들락거리는 내 몸도
한번 들어가면 나오지 못할
그런 때가 올 것이란 생각

누구에게나
한 번은 들어가고 말
움막 하나 주어졌지만
그게 어디 있는지도 모르고
살고 있다는 생각에
오히려 움막 안의 어둠이
깊고 아늑했지.

임연태

사바세계 2
— 찐빵 먹는 아침

고분을 발굴하듯 냉동실에서 찾아낸
찐빵 세 개를 쪄먹는 아침

접시에 담긴 찐빵의 실루엣이
신라의 왕릉 같다는 생각을 하며
감히 어느 왕의 깊은 잠을
반으로 쪼개 먹는 아침

천년 시간을 한순간에 녹여내듯
잠시 김이 서렸다 사라지고
물기 없는 침묵이 건네는 말을
도통 알아들을 수가 없는 아침

습관적이거나
무의식적이거나
왕릉의 절반을 입에 넣고
우물거리며
나머지 절반 속에 웅크린
부장품들을 보며
지금 내가 먹고 있는 게 뭔지를
생각하게 되는 아침

시간도 감각도 동작도
오랜 늦침에서 걸어 나온 듯 몽롱하여
다시는 돌아오지 않을 것 같은
내가 되는 아침

사바세계 3
― 주름진 냄새

오는 줄도 모르고 와 있듯이
가기 싫어도 가게 되는 곳
엉덩이 까고 앉아 팽팽한
긴장을 풀어내다가
읽고 싶지 않아도 읽게 되는
상형문자 혹은 격문檄文

WxY
고개 숙인 남성 희소식!
이게 나라냐????
얼마면 되는데?
일수, 월변, 조건 없음.
돈 급하신 분, 문자로……
뭘 봐?

어쩌다 계획도 없이
우연인 듯 얽히고 필연인 듯 설킨
오늘의 내일과 내일의 오늘이
종로3가 지하철역 화장실 맨 끝 칸에서
주름진 냄새로 익어가고 있다.

들어갈 때보다는

그래도 나올 때가 좀 편한
그런, 느낌으로

사바세계 4
― PC의 하루

PC가 부팅되는 동안
내용을 알 수 없는
안내창들이 몇 개 뜬다.
그러려니,
일상처럼 삭제해 버리지만

'그러려니'가
안 되는 작은 창 하나

프로그램이 이미 실행 중입니다!

잠시 들여다보며
속으로 답한다.

그래,
부팅된 내 하루도
삭제된 내 하루도
모두
이미 실행 중이다.

사바세계 5
― 불통不通

새들 먹으라고
농막 마당에 놓아두었던 잡곡 몇 줌
일주일 지나 다시 와 보니
한 톨도 줄지 않고
비 맞아 불어 터졌다

녀석들이 내 성의를 무시해?
투덜대는 나를 향해
아내가 던진 한마디

새들이 언제 밥 달라고 했어?

사바세계 6
― 반성과 사죄

용서를 빌어도 빌어도
죗값은 남고 또 넘치는데

어떻게든 살아 보겠다고

그토록 공들여 가꾸던
얼굴을 죄다 가리고 다니네

반성과 사죄의 퍼포먼스?

위기의 순간
대가리 처박는 꿩을 조롱하던
그 얼굴 지키려는
최후의 수단?

사바세계 7
— 연모戀慕

오지 않을 사람
마중 가 본 적 있는가?

들판 멀리
미루나무 흔들리는 어스름 녘에
하던 일 멈추고
멍하니 서 본 적 있는가?

오지 않을 사람 위해
불 피워 밥 지으며
그 연기 하늘 가득 덮도록
울어 본 적 있는가?

독한 술로 밤이 증발하고
해가 뜨기도 전에
우르르 몰려오는 그리움에
맞서 본 적 있는가?

시들어가는 꽃들이 남겨둔
여리고 여린 향기처럼
엎드려 본 적 있는가?

사바세계 8
— 현관

우리 집 현관에는
수많은 길이 멈춰 있다

우리 네 식구가 밟았던 모든 길이
각자의 풍경을 품고 와 현관에서
눅눅한 땀의 시간을 식히고 있다.

들어올 때 따라 들어온 길이
나갈 때 따라 나가버리면
얼마나 좋을까만
한번 들어온 길의 끄트머리는
뒤돌아 나갈 줄 모른다.

우리 집 현관에는
각양각색의 길들이 포개지고 엉키면서
특별할 것도 없고 자랑할 것도 없는
식구들의 하루하루를
기록하고 있다.

사바세계 9
― 풀의 내력

예초기 지나간 길가에서
소녀가 풀냄새 향기롭다 말했을 때

시인은
풀이 내뿜는 절규는 안 들리느냐 했고
실직자는
여름 한 철 짭짤한 일당을 생각했고
남자는
군대 시절 등줄기를 점령했던 땀띠를 기억했고
아내는
예쁜 풀꽃들까지 초토화하는 기계를 탓했다.

예초기 지나간 길가에
소나기라도 퍼부을 듯
비릿한 바람 자욱하다.

사바세계 10
― 꽃이불

다 늦은 나이에 한사코
꽃이불 좋아하는 아내

그 무슨 주책이냐 했더니

꽃이불이 어때서?
꽃이불 덮고
꽃밭에 누워
꽃길을 꿈꾸는
꽃향기 인생

나라고 그렇게
피지 말라는 법 있어?

앗!
아직 다 피지 않은
꽃 곁에서
나 혼자
시들고 있었던가?

사바세계 11
― 후회

앙칼진 가시 빼곡한 탱자나무 덤불 속
알알이 익어가는 탱자들
그 무성한 가시 속에서
어느 것 하나 찔리는 일 없이 굵어가는
맑은 정신을 예찬하느라
슬몃슬몃 몸을 비켜주는
가시는 보지 못했다.

바람길 선명한 암벽 틈새에 뿌리내린
소나무의 짙푸른 생명력에 감탄하느라
물 찾아 내려가는 잔뿌리 위해
속살 벌려주는 바위는 생각 못 했다.

내 나이 서른에 낳은 아들이
등짝 넓은 서른 살 되어
거실을 어슬렁거리는 저녁
살아생전 아버님 댁에
보일러 하나 놓아 드리지* 못한 것이
댕자 가시처럼 목구멍을 찌를 줄은
알지 못했다.

*광고 문구를 패러디함.

사바세계 12
— 해바라기

고개 숙이지 마.

그리움의 높이만큼 키를 키우고
우러러 간절하던 기도로 맺힌
씨앗들이 익어가는
너는 이미
지상에서 가장 밝은 태양

고개 숙이지 마.

오직 해만 바라보라는
숙명에 응하여
몸속 가득 해를 잉태한 너는
삼천대천세계를 비추는
지상의 태양

고개 숙이지 마.

너의 빛으로
내일 또 해가 뜰 테니

고개 숙이지 마.

사바세계 13
— 바이러스 증후군

옥수수 삶아 낸 무쇠솥처럼
푹푹 찌는 여름날
내년 달력 열두 장 교정校正 보다가
공휴일 세어 보고 연월차 따져 보는
새참 같은 재미가 있지.

내년 달력은 아직 인쇄되지 않았지만
마음이 먼저 달려가
빨간 날들을 알알이 먹고 있는데
바싹 달궈진 빌딩들은
수캐 불알처럼 늘어져
장마전선 끝자락에 걸려 있어.

아직도 삼켜야 할 올해의 날짜들이
옥수수 알처럼 촘촘히 박혀있는데
왜 자꾸 마음은 가을을 부르고
겨울을 넘어가고
새봄을 피워 내려 하는 건지

이것도 무슨 바이러스 탓이려나?

사바세계 14
― 플라타너스

나는 건재하다.

잘려나간 팔다리에 다시 줄기를 내고
지상의 첫 사건처럼 잎을 돋구쳐
매캐한 도심의 공기를 견디는 날들
아무도 눈길 주지 않지만

그대들이 지쳐가는 여름의 한복판
그대들이 지칠수록 나는 무성해
그대들이 허덕이는 삶의 한복판
그대들이 죽어갈 때 나는 새 삶을 받아

그대들이 내 팔과 다리를 자르며
도심의 미관美觀을 얘기할 때
나는 나의 생명만을 갈망했고
나는 나의 뿌리 더 깊이 내렸으니

마스크도 없이
도심의 온갖 공기를 숨 쉬면서도
밤낮없는 불빛에
불면증을 일상으로 달고 살면서도
나는 내 자리를 벗어나지 않았고

나는 내 이름을 버린 적 없으며
나는 스스로 잎을 떨궈
맨몸으로 겨울에 맞서기도 했으니

오늘도 내일도 나는
내 종족과의 거리를 좁히지 않아
물론, 그대들과
거리 두는 것도 관심 없어.

나는 그저 나로 건재해.

사바세계 15
― 그늘 한 상

그늘 한 상床을 받았다.
살구나무 아래 평상平床 하나 놓고
그늘 한 상 받았다.

백신 맞은 자리 욱신거리는 한낮
삶은 옥수수를 먹으며
그늘 한 상의 여유를 즐긴다.

그늘 한 상이
세상 둘도 없는 상賞 같은 한낮

세상이 뜨거워지는 만큼
한 뼘의 그늘이 이렇게
고마울 수 있음을 누군가에게
문자로 자랑질하고 싶은
그런 유치한 여유도
한없이 고마운 한낮

홍사성

홍사성 시인은 1951년 강원도 강릉에서 태어나 2007년 《시와시학》을 통해 등단했다. 시집 『내년에 사는 法』 『고마운 아침』 『터널을 지나며』를 냈다. 바짝 마를수록 맑은 울음을 우는 목어의 시 정신과 따뜻한 언어로 삶의 애환을 그려가고 있다.
sshong4@hanmail.net

한 핏줄

먼 옛날 에스키모 사람들은
더 이상 고기를 씹을 수 없으면
아무도 몰래, 혼자 설원으로 걸어나가
곰에게 잡아먹혔다 합니다

곰은 다시 인간에게 잡아먹히는데
인간은 또 곰에게 잡아먹혀
곰은 인간의 할아버지가 되고
인간은 곰의 할머니가 되었다 합니다

허수아비

일할 때나 안 할 때나 입는 옷은 한 벌
허세 부릴 때는 화장도 한다

그래 봐야 비웃고 지나가는 것들 여럿
참새조차 겁 안 낸 지 오래다

자랑은 남 해친 적 한 번도 없다는 것
덕분에 속은 다 썩어 없지만

그래도 늘 편안하게 웃는다
평생 한뎃잠 잔 수고 빈손뿐일지라도

용서

나룻배 한 척
고요 수면 가르며 지나가네
호수, 출렁이다 이내 잔잔해지네

나비 한 마리
옆 동네 꽃밭으로 날아가네
황국, 흔들리다 다시 조용해지네

감옥에서 하룻밤

백 년 전 감옥을 개조한
캐나다 오타와 하이자일호스텔
체험형 감방 이층 침대에서 자는데
새벽녘 꿈속으로 찾아온 간수가
엄숙한 얼굴로 물었다
너는 어떤 죄를 지었느냐
남 해친 적 한 번도 없었느냐
바른대로 대라고 윽박질러
식은땀 흘리며 놀라서 잠 깼다
퇴소하기 전 둘러보니
사형수 매달던 밧줄도 있었다

정신 번쩍 든 하룻밤이었다

신두腎頭

만해선사 외제자 춘성스님이 봄날 꽃구경하고 있는데 어떤 젖 큰 여자가 다가와 석가모니는 죽어서 못 살아났지만 예수님은 부활했으니 중님도 예수 믿고 구원받으시오 했다나 어쨌다나

전도부인의 말을 듣던 스님은 그 우렁우렁한 목소리로 죽었다 살아나는 걸 부활이라 한다면 내 신두를 믿으시오 내 신두는 하루에도 몇 번씩 죽었다 살았다 한다오, 그랬다나 어쨌다나

사람들이 킥킥대자 스님은 참말인지 아닌지 보여줄까 하며 괴춤을 잡았더니 전도부인은 기겁해 도망가고 중년 보살 몇은 못 들은 척 활짝 핀 봄꽃만 바라보다 얼굴 발개졌다나 어쨌다나

홍사성

역할극

당신,
남편 노릇 한번 해볼래?

더도 말고
딱, 한 달간만!

팔상전 바람벽에 기대어

국보 55호 속리산 법주사 팔상전은 5층짜리 목조건물로 부처님 일생을 여덟 가지 그림으로 그려 걸어놓았다

도솔천에서 흰 코끼리 타고 와 태중에 드는 모습 룸비니 꽃동산에서 이 세상에 태어나는 모습 동서남북 놀러 다니다 인생무상 느끼는 모습 욕망으로 덧칠된 생활 뿌리치고 출가하는 모습 깊은 산속에 들어가 고행 수도하는 모습 보리수 아래서 새벽별 떠오를 때 깨닫는 모습 녹야원에서 시작해 45년 동안 설법하러 다니는 모습 늙고 병들어 쿠시나 사라나무 아래서 열반하는 모습

요컨대 부처님도 태어나 늙고 병들어 움직이지 못할 그날까지 애쓰며 살다가 마지막으로 돌아가셨다는 것이다

풍경風磬

물고기도 운다
처마 끝에 매달리면
뎅그렁 뎅뎅

그리운 마음 참을 수 없어
몸부림, 몸부림친다
푸른 허공으로 헤엄쳐 가고 싶어

물고기도 운다
잠 못 드는 긴 밤이면
뎅그렁 뎅뎅

그리운 마음 달래지 못해
미친 듯 온몸 흔든다
숨결 순한 그때로 돌아가고 싶어

범종 梵鐘

아침에 치면 아침에 울고
저녁에 치면 저녁에 운다

서른셋 하늘 스물여덟 지옥
그 끝 구석 어디서든 들으라고

크게 치면 크게 울고
작게 치면 작게 운다

온몸 울리는 통증 견디어
그대에게 내 마음 닿을 때까지

만다라 축제

다섯 가지 색깔 모래로 그린
막 피어난 연꽃 같은
만다라

축제 끝나자
흔적 없이 무너지네
미련 한 줌 남기지 않네

오오, 모래성 같은 욕망이여

꽉 쥔 주먹
맥없이 풀리는 줄 모르는
꿈속에서 핀 꽃이여, 만다라여

마등령을 넘으며

험한 길
다음은 더 가파른 길
좁은 길 끝나자
미끄러운 길이다
소나기 피했더니 이번에는
우박
숨도 차고
다리도 아프지만
걷고 또
걷는다 어둡기 전까지
가야 할 길
아직 많이 남았다

나는 뻔뻔하게 살기로 했다

종이처럼 구겨지는 것이 구겨져서 휴지통에 처박히는 것이 위안이 될 때가 있다 넘치고 넘치는 잘난 인생 그 틈에서 사는 날까지 살아내자면 차라리 뻔뻔한 게 편하다

구겨진다는 건 처박혀도 좋다는 것 처박힌다는 건 망가져도 좋다는 것 망가질수록 기회다 땅에서 넘어진 자 땅을 딛고 일어서듯 바닥까지 떨어져야 솟구칠 것이므로

그러나 솟구치지 못한들 또 어떤가 하늘의 새도 때가 되면 지상으로 내려온다 신나게 갈 데까지 가보자 가다 보면 무슨 일 생겨도 생기겠지 하다못해 늙기라도 하겠지

얼마나 공평한가 구겨진 인생이 늙어가듯 잘난 인생도 언젠가는 병들어 죽는다는 것이 그리고 이 세상 모든 것들은 먼지처럼 구름처럼 마침내 아무것도 아니라는 것이

철물점 풍경

서울역 뒤 염천교 인력시장 옆
철물점 진열장 칸칸 수십 가지 못들
팔려갈 데 기다리며 대기 중이다

길이 10cm 넘는 대못부터
나사못
시멘트 못
U자 못
머리 없는 못
몸통에 홈 파진 못
뚱뚱한 못
겨우 1cm짜리 작고 가는 못까지

구경하던 사람들 그냥 지나가고
온종일 새 손님 기다리고 있다

세상살이

나 없으면 안 될 것 같지만
대신할 사람 얼마든지 있어요
조금만 실수하면 찌그러진 냄비처럼
금방 내팽개쳐져요
하이에나처럼 이곳저곳서
나 쓰러지기 기다리는 사람 여럿이에요

얼음언덕을 달리는 것*이
어찌 연예인들만의 일이겠는가

* 氷稜上走. 《무문관》 32칙에 나오는 말.

나무아미타불

아미타불이 어떤 부처냐고 물었더니
수덕사 경허선사는 이렇게 일러줬다 합니다

모닥불처럼 언 몸 녹여주는 부처요
화롯불처럼 된장찌개 덥히기 좋은 부처요
횃불처럼 얼굴 환하게 해주는 부처요
등잔불처럼 저녁밥 먹을 때 켜는 부처요
촛불처럼 요염한 자태 잘 드러내주는 부처요
반딧불처럼 아이들이 좋아하는 부처요
번갯불처럼 정신 번쩍 들게 하는 부처요
장작불처럼 활활 타는 부처요
군불처럼 집안 훈훈하게 덥혀주는 부처요
이불처럼 여자를 은근하게 덮어주는 부처요……

한참 듣고 있던 여신도는
그런 부처는 우리 집에도 한 분 있다며
올리던 불공도 그만두고 돌아갔다 합니다

비 오는 날 홍두깨로
맷돌보다 넓적한 궁둥이 안반 삼아
국수 밀어먹기 딱 좋은 뒷모습이었다 합니다

열 가지 향기의 시

초판1쇄 인쇄 2021년 10월 1일
초판1쇄 발행 2021년 10월 4일
지은이 : 등등시사
펴낸이 : 김향숙
펴낸곳 : 인북스
주소 : 경기 고양시 일산서구 성저로 121, 1102-102
전화 : 031) 924 7402
팩스 : 031) 924 7408
이메일 editorman@hanmail.net

ISBN 978-89-89449-83-6 03810
값 10,000원

*잘못된 책은 바꾸어 드립니다.